図工授業でGIGA挑戦

酒井式"絵の描き方"+ICT活用でどの子も描ける

寺田真紀子 著

学芸みらい社
GAKUGEI MIRAISHA

新しい時代のすてきな贈り物　〜１人１台端末〜

酒井臣吾

　上のお化けの切り絵は、私が先日実施したZOOMの「お化けのデザイン」の試作品である。このようなモデルを20枚参加者に開示して見せた。そして参加者の皆さんに「お化けはどう描いても間違いはありませんから、これらのお化けを参考に楽しいお化けを描いてください」と告げた。その結果、次々と生み出される100人を超える人たちの作品は目を見張るような個性のあふれる作品になってしまったのである。

　なぜうまくいったかについては、簡単に理解できた。私の試作品の一覧が参加者のタブレットに全て表示されるからである。参加者はその中の好きな作品をクリックして拡大し、参考にすればいいのである。

　つまり自分の気に入ったお化けを真似て描いているうちに、自分だけの個性的で生き生きとしたお化けが出来上がってしまったというわけである。それが右のAのような試作品の提示にも、しっかり受け継がれる。

BやCも同様である。ネガポジの画像はそれだけでも強烈なインパクトで見るものを虜にしてしまう力がある。その上カラーの用紙に貼ってデザインすると魅力は倍増する。

私が提示した作品のうち、好きなものをクリックして自由にアレンジすると、なんとも味わい深く個性的な作品になってしまうのである。

これは、今までに経験したことのない驚きであった。と同時に、1人1台端末の威力をまざまざと思い知らされたのであった。

今まで、いろいろな機器があった。それぞれに利用価値はあっただろうがそんなものは全て消えてしまうほど、この度のGIGA端末の教育効果は計り知れない力をもっていると感じた。

1人1台端末の時代は始まったばかりである。

全てはこれからが勝負なのだ。

寺田さんは酒井式に端末をどう生かすか、その入り口を具体的な実践で示してくれた。

これを土台にして、もっともっと多様で目を見張るような実践が生まれる予感がする。

若い皆さんの多くの実践を楽しみに待ちたいものである。

まえがき

　2021年４月からGIGA端末が１人１台配付されました。我がクラスでも、始めはパスワードを入れて端末にログインするだけでもうテンヤワンヤ・・ハア。いったいどうなることやらと思っていましたが、今の小学生はスマホやゲームなどで操作は慣れていて、あっという間にログインができるように、そしてたった数か月でロイロノートの基本的な使い方はもちろん、コロナで休校ともなればGoogle Meetでオンライン授業に参加できるようにもなりました。

　文部科学省は児童生徒が１人１台端末を「文房具」のように使う、としています。では図工ではどのように活用すればいいのでしょうか？

　図工でGIGA端末を活用する上で重視すべき端末の特徴は次の３点です。

①一瞬で消して、何度でもやり直しができる

　本書では「重なり」を学ぶためのワーク練習について紹介していますが、他にも人物の動きや線のトレーニング、どの色が合うか試す……、これらもGIGA端末なら一瞬で消して何度も試すことができます。失敗を恐れる子にとっても、不安を一掃し自信につながります。

②子どもたちが自分の作品の写真や動画を撮ることができる

　出来上がった作品の写真や動画を撮って、それをみんなで共有できる。これは図工での活用に大きなメリットがあります。私は今まで、全員の絵をフラッシュカードのようにめくって「○○さんはここがいいね」などと褒める、「フラッシュカード褒め」をしていました。

　しかし、GIGA端末を使うと、ロイロノートの配信機能を用いて絵の一覧を子どもたちのGIGA端末に送り、褒めたい場所をタッチペンで囲んで「○○さんのここ、いいね」などと褒めることができます。また、子どもたちがタッチペンで

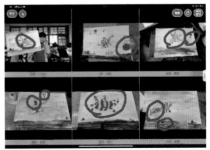

友達の絵のよいところを囲んで発表することもできます。

③コメントが書き込める

　鑑賞会は、今までは黒板に絵を掲示し、よいところを発表したり紙に書く、ということをしていました。しかし、例えばGoogle Jamboardを使うと、写真のようによいところのコメントをみんなが次々と書き込むことができます。全力を尽くして描いた自分の絵に、クラスみんながよいところを見つけて書

き込んでくれる——こんなうれしいことはありません。「絵のよいところを見つける」酒井式鑑賞会も、GIGA端末を使うことでより活性化するのです。

　紹介したのはほんの一例ですが、GIGA端末を使って絵を描くのではなく、従来の酒井式絵画法にICT活用をプラスすることで無限の可能性が広がると感じています。

　私は、コロナ禍になってから、ZOOMで酒井式の実技研修会をするようになりました。子育て中のママ先生も、遠方の先生も、自宅にいながら参加することができると好評です。その酒井式ZOOM学習会での、ある先生の感想を紹介します。

　「前までは図工の時間は苦痛でした。教師の私がそうなのですから子どもも同じです。しかし酒井式と出会ってからは、絵を教えるのが楽しくなりました。子どもたちも『ぼく、図工が好きになったよ』と言ってくれるのです」

　本書では月別に24もの酒井式シナリオを紹介しています。「何をどう指導すればいいのか」を具体的に示し、QRコードを読み込むことにより、動画でやり方が詳しくわかるようになっています。1〜6年生まで、自分のクラスの実態に応じて実践したいものをセレクトしていただけたらと思います。

　上記の感想のように、「絵を教えるのが楽しい」と感じる先生や「図工が好きになったよ」という子が増えてほしいと願い、本書が少しでもお役に立てたら幸いです。

寺田真紀子

目次

絵の指導 12か月

酒井式 基礎

いろいろな動き
頭 → 胴体 → 手・足 → つなげる
この順で描くとどのような動きも描ける。

かたつむりの線
かたつむりのように
ゆっくりと引いた線

酒井式切り貼り法
小さい人物などは切って貼る

パスの使い方
魔法の綿棒を使って
クルクル……とやさしくこする

GIGA活用

ワーク練習
何度でもやり直し可能

アイデア作り
いろいろな色・形などを試すことが可能

動画の配信
オンライン授業・不登校児童への授業

| 4月 | 5月 | 6月 | 7月 | 9月 |

出会いの季節にぴったり

きれいデザイン

絵の具・クレパスの使い方指導

アサガオ こすり出し

金魚すくいをしたよ

こいのぼり

たこおやぶん

ミニトマトとぼく・わたし

彼岸花のある風景

パンジーの目標

ピエロの曲芸

人物の動き

アジサイとこびとのさんぽ

エルマーのぼうけん

〈酒井式見開きカレンダー〉

酒井式4原則
・ふんぎる（見切り発車の原則）
・集中する（かたつむりの原則）
・「良し」とする（肯定の原則）
・それを生かす（プラス転換の原則）

配置
どこに貼れば
いいか、いろ
いろ置いてみ
て決める

絵の具の使い方
・にこにこ筆・じゃぶじゃぶ池

・一発彩色。こすらない
・主調色・補色

写真を撮る・動画を撮る
自分の作品の写真や動
画を撮って保存

鑑賞
・ロイロノートで配信
・Jamboardで鑑賞
・オンライン参観

| 10月 | 11月 | 12月 | 1月 | 2月 | 3月 |

うみのがくたい

おもしろ変身カード

かわいいアルパカ

おひなさまをかざったよ

絵画展に向けて

ライオンの旅立ち

百人一首カード

屋根の上の白い猫

菜の花の絵手紙

サーフィンのチャンピオンになった夢

伝統的な模様でゼンタングル

オレ流「風神雷神」

学んだことを生かして

図工授業で
GIGA端末活用のススメ

図工でこそGIGA端末を大いに活用すべきである

　この原稿を書いている現在、GIGA端末を使い始めてまだ半年しかたっていないのだが、上記の考えに至った。活用方法を紹介する。

①ワーク練習として使用する

　例えば、P.50の「たこおやぶん」のシナリオでは、『重なりバッチリワーク』を児童のGIGA端末に送付し、付属のタッチペンを使って重なりの練習をする。初めは当然うまくいかない。

　しかし、GIGA端末のよいところは

何度でもやり直しができる

というところだ。

　GIGA端末ならば紙と違って一瞬で消すことができ、何度も何度も練習すること

ができる。重なりができなかった子どもたちも、このワークで練習した結果、「重なり」がすっかりできるようになった。

　同様に、人物の動きの練習や手・足のつなぎの練習のためのワークでも大いに活用できると思う。

②作品の写真を撮り、感想とつなげて送る

　GIGA端末の便利なところは「すぐに写真が撮れる」ところだ。1年生でも簡単にできる。

　自分の作品の写真を撮り、カードには感想を書いて「提出箱」に提出する。

　また、ファイルに保存しておくと6年間の成長の記録として残る。

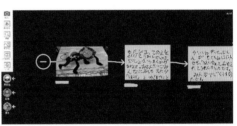

③動画を撮って共有する

　P.125の「おもしろ変身カード」では、カードがパッと変わる様子の動画を子どもたちがGIGA端末を使って自撮りをした。これは2コママンガだが、動きのある工作にも動画で残しておくのはおすすめである。

　ちなみに、この実践をした2021年9月ごろはコロナ第5波の真っ只中だったた

め、授業参観はGoogle Meetでのオンライン
参観となった。子どもたちは保護者の端末と
つながっているタブレットに向かって変身カ
ードの発表を行った。

ぼくのカードを
発表します。〜〜

④アイデアカードとして色も自由自在

　酒井先生は実に20年以上前からコンピュータの可能性について述べられてい
る。その中の１つに

実際に塗らなくても、いろいろな色を試すことができる

がある。この20年の間に技術が進歩し、色を変えるのも一瞬で簡単にできるよう
になった。

　例えば、P.128の変身カードでは、ロイロノートのお絵描き機能を使ってアイデ
アカードを作った。その中でもいろいろな色を試すことができた。２つつなげる
と絵が変わる様子が簡単にイメージできるのだ。たくさんのアイデアカードを作
り、その中から１つを選んで本番の紙に描いた。

⑤鑑賞ができる

　ロイロノートだと②で紹介したように写真を撮って提出箱に提出すると、ずら
りとクラス全員の絵が並ぶ。

　配信機能を使って、子どもたちの端末に配信し、「ここがいいね」などと褒める
ことも可能。

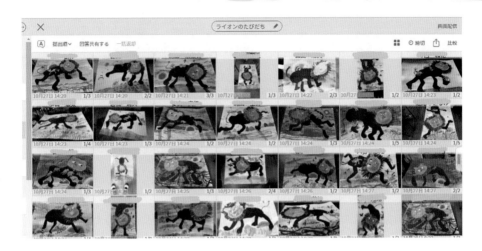

　また、Jamboardを使っての鑑賞もできる。Jamboardの中央に写真を貼ったものにドンドンよいところの付箋をつけていくのだ。

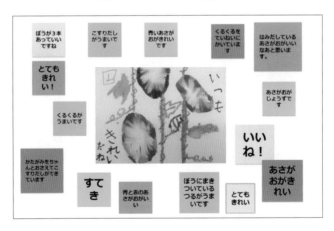

⑥オンラインで図工授業

　例えば、不登校の児童やコロナで休校措置が取られた場合などへのオンライン授業。図工だってできる。まず、Google MeetやZOOMなどを使って教室と家庭を結ぶ。GIGA端末のカメラを、実演する様子が見えるように設置する。すると、家にいても教師の手元がバッチリ見えて、どのようにすればいいかがよくわかる。この書籍には実演している動画がQRコードで読み取れるようにたくさん掲載されているのでご活用いただきたい。

そろえておくと便利
おすすめ道具

教室最新酒井式　そろえておくべきおすすめ道具

①綿棒

　クレパスで彩色するときは、必ず綿棒もセットと考えていただきたい。

　クレパスを綿棒でクルクルこすると、とても美しいハーモニーができる。

　また、ほっぺ・口の中などは「こすってスリスリ」という技法（寺田が命名）を使う。すると、ほんのりピンクのほっぺや濃すぎない口の中などの色が簡単にできる。

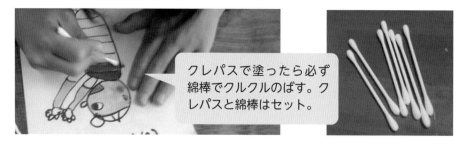

クレパスで塗ったら必ず綿棒でクルクルのばす。クレパスと綿棒はセット。

　低学年の子どもたちには「魔法の綿棒だよ」と言ってやってみせると「先生、本当だ！　きれいにできる！」と大いに感動してくれる。

　綿棒は100円均一や量販店で安く購入し、教室に200本入りを２箱は常備しておくとよい。１人１本だと色が混じって濁るので、１人数本ずつ配付してドンドン使わせる。（１箱なくなれば追加で買ってくる感じである。）

②刷毛

　これも最近の酒井式シナリオでは必須アイテムである。これがあるのとないのとでは全く違う。特に空・海などを塗る場合に重宝する。刷毛を使うと広い空も海も、あっという間に塗れるのだ。

　刷毛は3㎝ぐらいの幅のもので、100円均一のもので十分である。

　1人1本使えるぐらい常備しておくとよい。私は100円均一で30〜40本購入した。1回購入しておくと何年も使える。

(サブーンサブーンと言いながら刷毛で大胆に波を描く。刷毛は必須アイテム)

③ポスカ（三菱 uni ポスカ）

　ここ数年の大ヒットが三菱uniポスカである。ちょっとした細かい部分などを塗るのにも超便利。例えばクジラの白目。「エルマーのぼうけん」に出てくるりゅうの真っ赤な爪や赤いたてがみ、カモメの白。風神雷神の細い布等は全てポスカで彩色している。

(クジラの白目・口・歯。りゅうの赤いたてがみ等は全てポスカ)　(ビニールテープを貼って整理)

　クレパスだとはみ出るし、いちいち絵の具を用意して塗らせるほどのものでもない……。そういう時にチョイチョイと塗るのだ。筆で塗るとはみ出ることもあるが、ポスカはペン先が細くて塗りやすいので低学年でもはみ出る心配もなし。配慮が必要な子にとってもすごく塗りやすい。

④ポスターカラー

(青に少しポスターカラーの
モーブ（紫）を入れている)

　この本では、「エルマーのぼうけん」「こいのぼり」
「うみのがくたい」「彼岸花」「サーフィン」……など多
くのシナリオでポスターカラーを使用している。

　また、夕焼け空を塗る場合は、蛍光のポスターカラー
を使っている。

　蛍光イエロー、蛍光オレンジ、蛍光バーミリオン、蛍
光レッドなどである。これらのポスターカラーを使用す
る理由はただ一つ。「発色が抜群に良い」からだ。

　蛍光オレンジや蛍光イエロー、ウルトラマリンブルーやモーブ、セルリアンブ
ルーなどを「使うだけで」とても美しい色が出るのである。

　下の写真を見ていただきたい。どちらも２年生の作品である。蛍光ポスターカ
ラーを使って塗っている。見た人が夕焼け空の美しさにハッと息をのむ。そのく
らいポスターカラーの威力は抜群だ。

(夕焼けの色も海の色もポスターカラーを使用)

(下は蛍光レッド・上は蛍光オレンジ)

　ターナー製とSAKURA製ど
ちらでもよい。ポスターカラー
を使用するときは、学級費な
どで学校出入りの業者さんに
チューブタイプを数本注文し、
教師が子どもたちのパレットに
入れてあげるようにする。

(ターナー製の蛍光ポスターカラー)

(SAKURA製のポスターカ
ラー)

16

酒井式描画指導の基礎基本

＊そもそも酒井式とは？

新潟の酒井臣吾先生が提唱された絵画の指導方法である。

酒井先生の主張を簡単にまとめると次のようになる。

「子どもに発見させて子ども自らが学べるように援助する絵の指導」などというのでは、何をどのようにすればいいのかが具体的にわからない。

そうではなく、絵の具の使い方やパスの彩色の仕方、人物の動き、遠近、配置など教えるべきことをシナリオを通してきっぱりと教えるべきだ。

酒井式は、打率10割を目指している。だからクラスでよくできる一部の子だけを残して指導したり、絵画展前に毎日のように図工をしたり、ということをしなくてもどの子もすばらしい、個性豊かな作品となる。

酒井式の絵は教科書にも掲載されているほか、酒井式で描いた中学生の絵がハプスブルク家に購入されるほどの評価を得ている。

＊酒井式４原則とは？

酒井式には４原則がある。

1　ふんぎる（見切り発車の原則）
2　集中する（かたつむりの原則）
3　「良し」とする（肯定の原則）
4　それを生かす（プラス転換の原則）

ふんぎる

　いつまでもペンを持ったまま描けない子がいる。失敗するのが怖いから「下描きしてもいいですか？」と言う。酒井式は下描きは原則としてしない。だから、

「よーい、と先生が言ったらペンを紙につけますよ。カタツムリが出発しま〜す。よーい。スタート」

と言って**スタートで必ず出発させる。これがふんぎる、である。**

　ただし、スタートはやさしくやさしくささやくように言う。

　酒井先生の生の「よーい、スタート」は陸上競技のそれとは全く違う。

「よーい、（一瞬の間）スタート（ささやくように）」である。

集中する

　よーい、でスタートしたらそのまま息を止めるかのように**シーンと集中する。**カタツムリの線を真剣に描いたら誰でもシーンとなる。

　この集中が酒井式には欠かせない。

「良し」とする

　さて、誰にも負けないぐらい集中して線を引いた。しかし小さすぎたり、大きすぎたり、場所がおかしかったり……。どうしよう〜！　となってしまうことがよくある。そんな時、酒井式では「『良し』とする」のである。**集中して描いたものは「良し」とする**のだ。

それを生かす

　子どもたちが「ああどうしよう」と思っているところを良しとした。しかし、ここからが教師の腕の見せどころである。**それを生かす**のだ。

　P.19の彼岸花のある風景では、Aさんはすごく集中して彼岸花を描いていた。しかし、うっかり緑の絵の具が紙についてしまった。「ああ、ここまで頑張ったのに……」と肩を落とすAさんに向かって私はこう言った。「大丈夫。良しとしよう。ここに彼岸花を描けばいいよ」。果たしてAさんの落としてしまった緑は茎となったのである。

（間違ってついてしまった絵の具）　　　　　（良しとして、それを生かし茎になった）

酒井式部分完成法とは？

　酒井式部分完成法を一言で言うと、

毎時間、スタートをそろえる

ということだ。

　教室の中に下描きの子ともうすぐ完成の子が混じっていないだろうか。それぞ
れの進度が違うと一斉に指導できない。そのために酒井式では、第1時は刷毛で
空を塗る、第2時は花を描く、などというように部分を完成させていく。スター
トが全員同じなので、その時間で子どもたちにどんな造形技術を身につけさせた
いのかを明確にして指導することができる。

酒井式切り貼り法とは？

　例えば、P.81の「エルマーのぼうけん」、P.116「うみのがくたい」などは切り貼
り法を使っている。つまり、人物やりゅう、クジラなどを別の紙に描き、切って
貼る方法だ。この切り貼り法の良いところはこれである。

どのように貼るかをいろいろ考えることができ、動きが出る

ことである。「うみのがくたい」シナリオでは、クジラは別の紙に描いて切って
貼ってある。

下の写真を見ていただきたい。左のAさんは、どの
ように貼ればいいのかクジラをいろいろ動かして、
対に反っているようにして貼った（矢印部分）。この
動きは、直接紙にクジラを描き込んだとしたら絶対に

出てこないだろうと思われるポーズである。右のBくんはクジラを２つに割って
貼った（矢印部分）。そうすると、もともと１頭のクジラが、頭だけ出ているクジ
ラと、もぐって尾びれしか出ていないクジラの２頭になって表現できている。こ
れも切り貼り法ならではの効果である。

（こんなクジラのポーズができるのも切り貼り
法ならでは）

（尾びれの部分を貼ると、もぐっているところ
になる）

　また、切り貼り法は「失敗したとしてもやり直せる」という安心感をもってで
きる。
　例えば「エルマーのぼうけん」では、Ｃさんはりゅうを描くのに失敗してしまっ
た。足がすごく短くなってしまったのだ（矢印部分）。もし空や海を塗り終わった
画用紙に、りゅうを直接描いていたとしたらもうやり直せない。しかし、りゅう
は別のコピー用紙に描いていたので、足だけをもう一度描き、切り取った胴体と
一緒にして貼り付けた。Ｃさんはにっこり。

（小さくなってしまった足は切り取る）

（別の場所に描き直した足も貼ってしまえば
何もわからない）

絵の具指導の前に必見！

　新学期に子どもたちに出会って初めての絵の具指導をするとき、1から絵の具の使い方を復習するべきである。重要5箇条を紹介する。

①机の上には必要なものだけ出させる

　そのために、休み時間の間に**黒板に図を描**き、このとおりに準備させる。

　視覚的にもパッと見てわかる。

「先生、筆は大筆ですか。中筆ですか」などと聞く子には、黙って黒板を指さすだけでよい。

　水入れの水は半分ぐらい入れる。これも重要。何も言わないでいると、水入れの水をなみなみ

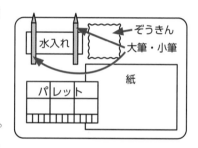

と入れてしまう子が必ずいる。水を床にこぼしてしまうと、しばらくは絵の具の指導どころではなくなる。

　絵の具はパレットの小さいお部屋に親指の爪ぐらい出す。たっぷり出しすぎてしまうと隣の部屋にはみ出てしまうし、逆に少なすぎるとすぐ色が足りなくなってしまう。絵の具のチューブは箱に戻して絵の具かばんの中に片づけさせる。絵の具の箱はかなり大きく、机の上に置いておくと邪魔でしかない。筆を入れるケースも同じくかばんに片づけさせる。

　道具をたくさん使う図工の時間だからこそ必要なものだけを出すようにしたい。

②絵の具の水加減は、視覚的に・具体的に

「もう少し薄く塗ろう」「もっと濃く塗ろう」などと言っても、子どもにとって

は「どの程度が濃くて、どの程度が薄い」のかよくわからない。そこで私は水加減を「数」で教えている。

　子どもたちを前に呼んで実演する際、このように言う。

> 　大筆を水入れにチャポンとつけてパレットの大きいお部屋に入れます。1回・2回・3回。水たまりができたね。そこに赤を半分ぐらい溶かします。薄い水たまりだね。
> 　これでこいのぼりの体の部分をさーっと塗ります。

　このようにして「水をパレットに入れる回数」を言ってあげるのだ。空を塗るときなどは当然水の量も多い。水5回とか7回になる。逆にパレットには水を少しも入れずに水入れの縁で筆を「いい子いい子」をするだけでよいときもある。この水加減は実際に教師がやってみてから決めよう。

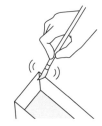

「いい子いい子」
水入れの淵に筆を2〜3回こすりつけて筆の水分を落とす。

　水加減を何も指導しないで自由にさせると、パレットで**ドロドロ池**にしてしまう子が出てくる。絵の具をこねくり回しているとパレットの大きいお部屋全体がドロドロしてまるでドロドロ池のようになる。これは避けたい。

（絵の具をこねくりまわすとドロドロ池になってしまう）

> 　混ぜるとパレットの白が透けて見えるね。このぐらいがちょうどいいのです。500円玉をたくさん作りなさい。

　このように言うと2年生でもパレットにたくさんの500円玉を作ることができる。500円玉を作ろうとすることで、しっかりかき混ぜることもできる。

（たくさんの青色ができたよ）

さらに、黒板にも次の図を描いておくと、机間巡視したときに、

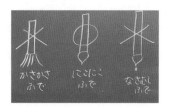

> ちょっとカサカサ筆になっているよ。水を
> チョンと入れてにこにこ筆にしましょう。

などと言うとわかりやすい。

　絵の具の水加減は難しい。ここまでやっても、全員定着は、難しい。できたら大いに褒めよう。視覚的に具体的に繰り返し繰り返し指導していく。

③一発彩色法

　一発彩色法とは、つまり一度塗ったところは二度と塗らないことである。何も言わないでおくと、子どもたちは塗りやすい場所を何度も何度も重ね塗りしてしまう。塗りにくい場所は白いままいつまでも残る。

　また、空の色も、刷毛で塗る時に同じところを何度も重ねて塗ると色が濁ってしまう。ひどくなると消しゴムのカスのようなものが画用紙の表面に出てくる。そうではなく、一発彩色法だからきれいな色になるのである（ただし、ポスターやシナリオによっては塗り重ねる場合もある）。

④混ぜてはいけない色がある

　混ぜると濁る色、つまり「補色」を一度知るだけで、子どもたちはこの先ずっとその知識を活用することができる。教師もぜひ知っておくべきだ。

　色相環の向かい合う色同士を混ぜると濁る。代表的なものは赤と緑、オレンジと青、黄色と紫である。

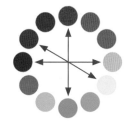

（向かい合う色同士を混ぜると濁る）

⑤片づけも指導する

　筆を洗うのにも、特に低学年に何も言わなければ「筆洗でのかき混ぜ遊び」に

なってしまう。

水入れのじゃぶじゃぶ池でジャブジャ
ブと洗います。すすぎ池でスッスッ。
ちょっぴり池は筆がカサカサになったと
きに使います。

筆がきれいになったら、パレットを水道で洗います。その時、蛇口の水は
チョロチョロ出しにします。ジャージャー出してパレットを洗いません。

ほとんどの先生は、子どもが蛇口から勢いよく水を出してパレットを洗ったた
め、パレットから水が跳ね返り、手洗い場が水浸しになってしまった、という経
験がおありだと思う。細かいことだが、「蛇口の水はチョロチョロ出し」は大切
なことである。

私は、家から使い古しの歯ブラシを消毒して10本ぐらい持って行き、手洗い場に
設置している。

洗ったら、ぞうきんできれいに拭いてからカバンに入れます。
びちょびちょのまま入れたら……カビが生えるよ。そんなの嫌でしょう。

パレットを洗わずに次回にそのまま使用させる先生もいる。が、私はやはり1
回1回洗わせたい。

酒井先生も以前セミナーで

パレットは白いものがよいです。

とおっしゃっていた。

絵の具がパリパリに乾いてこびりついたパレット、そこで絵の具を混ぜたらど
うなるか……。色が濁るに決まっている。水彩絵の具の良さがこれでは出ない。

前任校では空き教室が近くにあったので、洗った水入れ・パレット・筆を空き
教室に1日置いて乾かしてからバッグに片づけていた。ぞうきんで拭かなくてよ
いので便利。ここは各学校の実態に合わせて片づけてほしい。

第2部

楽しい12か月＝月別シナリオ
～誰でも必ず成功の24選～

月ごとのおすすめシナリオを紹介
学年・クラスの実態に合わせ、やりやすいものを選んで実践してほしい

絵の具の初期指導に最適　組み合わせていろいろなデザインもできる！

きれいデザイン

（中・高学年）

　絵の具の初期指導に「混色の指導」をする先生が多いのではないだろうか。このシナリオは絵の具の基本を教えつつきれいなデザインもできるので、学期はじめにおすすめ。

> ## このシナリオで体験・獲得させたい造形力
> 絵の具の使い方・絵の具の混色・デザイン

準備物

　絵の具・黒画用紙（8つ切り1枚）・はさみ・のり
　白画用紙（8つ切りのさらに半分に切ったサイズ（16切り）に2cmごとに横線・縦線を引いたものをそれぞれ表裏に印刷しておいたもの）

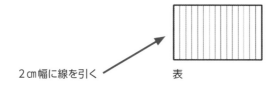

2cm幅に線を引く　←　表

裏

指導計画（2時間）

　第1幕　2色をきれいに混ぜて塗る
　第2幕　デザインする

（3年生作品）

第1幕　2色をきれいに混ぜて塗る
　見本を見せる。

「きれいデザイン」といいます。今日は色のお勉強をします。

①赤・黄色　②青・黄色　③黄色・緑　④青・緑　⑤青・赤
この中から1つ選んでパレットに色を出します。

①を実際にやって見せる。

黄色をたっぷりとって、パレットの大きいお部屋でクルクル混ぜます。そして縦を1つ塗ります。はみ出ないように。

塗れたら、3マス空けてまた塗ります。3マスずつ空けて塗ります。

さっきの黄色にちょっぴり赤を入れると何色になるでしょう。そう、オレンジ色だね。これを黄色の隣に塗ります。

だんだん赤を多く混ぜるとどうなるでしょう。ほら、さっきより濃いオレンジ色になるね。

最後は赤だけで塗ります。

青と黄色、黄色と緑、青と緑、青と赤を選んだ子も、同じようにだんだん色が変化するように塗る。

緑→黄　　　　　　　青→赤

第2幕　デザインする

裏面の線に沿ってはさみで切ります。

この短冊をいろいろな向きに並べてみましょう。一番いいなと思ったところで、のりで貼ります。

はじめに、いろんな向きで並べさせる。

初心者マークのように見えるものや、花に見えるもの、その他いろいろなアイデアが出てくる。どのように並べても「いいデザインだね！」「なるほど、思いつかなかったよ」などと褒めることができる。

図工の授業開きでぜひ大いに褒めて、自尊心をアップさせてもらいたい。

（３年生の作品）

簡単できれい！　新学期の目標にぴったり
パンジーの目標
（２年生以上）

新学期に「今年の目標」を書かせる。ただ紙に書くだけではなく、パンジーの絵を描いて目標を書こう。簡単できれい、新学期すぐに掲示物も完成する。

このシナリオで体験・獲得させたい造形力
パンジーの描き方・クレパスの彩色・綿棒の使い方

準備物
クレパス・画用紙（８つ切りの４分の１）・綿棒・ネームペン

指導計画（２時間）
第１幕　パンジーを描く
第２幕　残りのパンジーを塗る・目標を書く

第１幕　パンジーを描く

この花、見たことがある人？

C：「知ってる！　見たことある！」
C：「学校の花壇にも咲いていたよ」

パンジーといいます。今日はこの花をきれいに描きます。

見本をいくつか見せる。画用紙を配付。

　紙は縦でも横でもかまいません。この辺に文字を入れたいなと思うところを指で囲みます。そこは空けておきます。

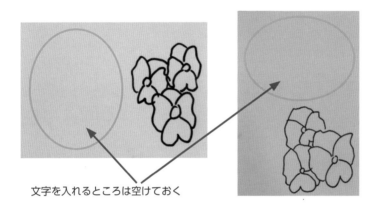

文字を入れるところは空けておく

　ネームペンでパンジーを描きます。

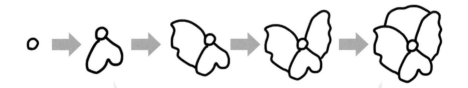

まる。次に下向きのハート。　　　　ひらひらを3つ。簡単でしょう。

2つ3つぐらい描きます。その時にちょっとだけ重なるように描きます。

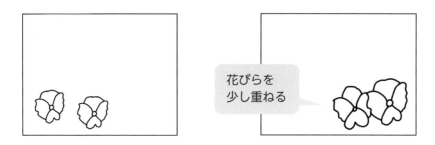

花びらを
少し重ねる

後ろ向きの花やつぼみを入れるとさらによくなります。
葉っぱも描きましょう。

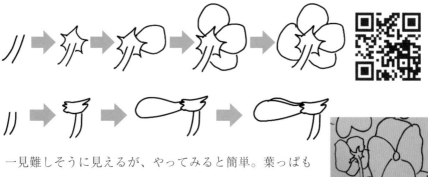

　一見難しそうに見えるが、やってみると簡単。葉っぱも
ごく普通の葉っぱでよい。花だけではなく、つぼみや葉っ
ぱが入ることで「オッ、ぼくの絵いい感じだ！」となる。

クレパスで色を塗ります。その前にクレパスのお掃除をします。

　クレパスの先は他の色が混じってついていること
が多い。白・黄色・黄緑・水色などの薄い色を
中心にティッシュでふき取りきれいにする時間を
5分程度とる。特に黄色は他の色がつきやすいの
で必ずお掃除をしておくとよい。

　まず、黄色のパンジーから塗ってみましょう。黄色を花びらの外側に「濃く」塗ります。少しぐらい白いところが残ってもかまいません。

　綿棒でクルクル。その後に、こげ茶と黒を中心に軽く塗って綿棒でこすります。

QRコードで動画が見られるのでそちらで確認してもらいたい。

大いに褒めて、この時間は終了。

第2幕　残りのパンジーを塗る・目標を書く

　他にも、いろいろな色のパンジーを塗ります。

白色が混じったパンジー
水色と青を外側に、内側にこげ茶と黒を軽く塗る。間の白い部分は塗らずに残す。

紫と黄色のパンジー
クレパスの青を塗ってから紫を上に重ねる。中央に黄色を塗って綿棒でなじませる。

オレンジのパンジー
黄色のパンジーと塗り方は同じ。
最後に黄色を中央に入れる。

葉っぱは黄緑と緑を使って塗る。もちろん綿棒クルクルも忘れずに。

次々とパンジーの新種が出ています。
自分で新種をデザインするのもいいですね。

　右写真は第１回目の酒井式ZOOM学習会に参加した６年生のお子さんのもの。パンジーの描き方を知って、うれしくて夢中になって描いたとのこと。
　このように、酒井式でやり方がわかった子たちは自由帳などにどんどんと描きだす。

背景色を入れたい子は入れます。ただし全面に入れません。

　背景色は水色を薄く塗ってから白を上から「濃く」塗るのが一番無難にできるが、下の実験の写真のような色見本を作って子どもたちに選ばせるのもよい。上部分はクレパスの原色のままのもの、下部分は白を上から重ね塗りしたものである。

原色のまま

白を濃く塗り重ねるときれい！　色見本を見せてどれにするか選ばせよう

　白を重ね塗りすることで柔らかいイメージになり、とても美しい背景が出来上がる（全面に背景色を塗らないように注意）。

最後に文字を書き、赤鉛筆で落款を描いて完成。

ちなみに、2020年4月5月の休校時はまだGIGA端末がなかったので、自宅でできる課題としてQRコードを入れたプリントを配布した(右写真)。

また、高学年ならば、国語で俳句の学習をした際に「俳句カード」を作るのも素敵だ。目標でなくても、絵手紙にしたり、お礼の手紙にしたりとさまざまに応用できる。

図工授業開きに！　成功体験で図工が大好きに！
こいのぼり
（中・高学年）

「こいのぼり」の実践はいつすればいいのか。さまざまな考え方があるが、やはりこいのぼりの絵はこいのぼりの時期（4月から5月）にこそふさわしいと思う。セミがミンミン鳴く季節や雪の降る季節には合わない。

　では、この時期に実施するためにはどうするか。それは、

図工の授業開きとして、こいのぼりの絵を実施すればよい

のである。つまり、この時期にこそ獲得させたい基礎基本的な造形力を、こいのぼりの実践を通して指導し打率10割にするのだ。その結果、「今まで苦手だった絵が上手に描けた」「図工が好きになった！」となれば大成功！　自尊心もアップすることになり、後の学級づくりにも大きく影響してくる。

このシナリオで体験・獲得させたい造形力
こいのぼりの描き方・絵の具の彩色・にじみ技法・はさみやのりの使い方

準備物
　画用紙（8つ切り）・コピー用紙（B4）・
　はさみ・のり・ネームペン・絵の具・カラーペン

指導計画（5時間）
　第1幕　お話・こいのぼりを描く
　第2幕　こいのぼりを塗る
　第3幕　空を塗る
　第4幕　吹き流しを塗る・切る
　第5幕　仕上げ

第1幕　お話・こいのぼりを描く

目を閉じさせてお話をする。

> 　ぼくは、夢を見ました。夢で、「早く早く！」とお母さんが呼んでいます。なんだろうと行ってみると太郎くんはびっくりしました。なんと大きなこいのぼりが上がっていたからです。
>
> 　大きな真鯉、赤い緋鯉　子どもの鯉……。風にゆれて思い切り空を飛んでいました。
>
> 　太郎くんはこいのぼりを見ながら大きな声で学校で習ったこいのぼりの歌を歌いました。「やねよ〜り高い〜こいのぼり〜♪」

見本を見せる。

C「うわ〜〜〜すごい」

T「大丈夫だよ。みんなも描けます」

コピー用紙（B4）を配付。縦向きにする。

> こいのぼりの向きを決めます。右向きにする人？　左向きにする人？

手を挙げさせる。これをしておかないと、ほぼ全員が左に口がある鯉を描くのだ。

縦長の二重丸を描きます。

次は尾びれ。

そして「つなぐ」なのだが、ここで教師が黒板でやってみる。まずシャーっと速くつなぐ。

C「先生。速すぎだよ」

T「そうですね。カタツムリの線といって、カタツムリが進む速さぐらいでつなげ

ます」

　そう言ってかたつむりの線でゆっくりつなぐ。

T「これでいいですね」

　「いい！」という子がほとんどなのだが、誰かがこのように言う。

C「うーん……、これだとまっすぐすぎる」

　そうなんです。よく気づいたね。これはまな板の上のお魚です。こいのぼり
は風で泳いでいるからもっとひらひらだね。

つなぐ

T「ゆっくりゆっくり……、曲がるんだったね……、ゴールを見つめて……はい、
　着きました」

　このようにして変化のある繰り返しで「つなぐ」を指導する。

目

うろこ、
ひれ

　1匹目を描くと2匹・3匹目もどんどん描く。

　こいのぼりが描けた子は吹き流しを描く。

第2幕　こいのぼりを塗る

前の時間の終わりにこのように板書する。

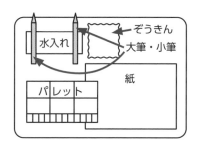

パレットに、赤・藍色（青でも可）・緑を出す。

　　用意が終わってから休み時間にします。

板書を見ながらなので用意もやりやすい。
　このようにして授業開始のチャイムが鳴った時点で全員水の用意もできている状態にする。絵の具を使用する時は、いつもこのようにすることを伝える。
　前に集めて実演。

　　大筆を水入れにチャポンとつけてパレットの大きいお部屋に入れます。1回・2回・3回。水たまりができたね。そこに赤を半分ぐらい溶かします。薄い水たまりだね。これでこいのぼりをさーっと塗ります。はみ出してもいいよ。同じように青、緑もします。

まずはここまでをさせる。顔のところだけ上半分を塗る。塗るのはあっという間にできる。

もう一度前に集めて実演。

今度は小筆でいい子、いい子（筆を水入れにつけ、淵でこすって水を切る）をします。赤絵の具をつけてパレットで10円玉の大きさにクルクル。
うろこを半分だけ重ねて塗ります。

まず、大筆でサーっとはみ出すぐらいに塗る。

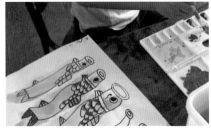

顔の下半分は塗らない。
ひげを入れてもよい。

下地が乾いてから
濃い色を上に重ねる。

この時間で絵の具の準備のこと、だぶだぶジュースの作り方、いい子いい子をしてから塗る方法など、彩色の基礎的なことを獲得させる。授業開きの期間だからよりスッと子どもたちに入りやすい。

第3幕　空を塗る

まず、山、家やビルをペンで描く。家は隣の家にくっつけるように描く。

青空か、夕焼けかを選ばせた後、青空にする子は青・黄色・緑をパレットに出す。夕焼けにする子は教師が用意しておいた蛍光オレンジ・蛍光イエローをパレットに配付。

前に呼んで実演（夕焼けバージョン）。

　　大筆を水入れにつけてパレットの大きいお部屋に水を入れます。7回ずつ2つのお部屋に。そして絵の具を混ぜて蛍光イエローと蛍光オレンジのだぶだぶジュースを2つ作ります。
　　次に、刷毛で空に水を塗ります。ここはスピードが大事。水が乾かないうちに、蛍光イエローをつけてサーッ。次は蛍光オレンジ。外にはみ出すように思い切り。ゴシゴシこすってしまうと、ほら、消しゴムのカスみたいなのが出てくるね。これはダメだよ。1発勝負。

　青空にする子は黄色→緑→青の順でサーッと空を塗る。「薄く」がポイント。空を塗るのはあっという間にできる。できたら、緑で山を塗る。

第4幕　吹き流しを塗る・切る

　吹き流しは絵の具で塗るのだが、実施した学年は2年生だったのでポスカで塗らせた。が、結果的には大正解。ポスカのほうがはみ出さずに短時間できれいに塗ることができる。学年に合わせて画材を選んでほしい。
　次に切る。はさみのポイントは3つ。

①チョッキンチョッキンは床屋さん、はさみの奥でチョチョチョと切る。
②紙は回しながら切る。
③大まかに切ってから細かいところを切る。

　切ったこいのぼりは、なくさないようにB5の封筒に入れて保管。

第5幕　仕上げ

　こいのぼりの竿を描く。ちょっと斜めに。
　描けたら一番上の飾りも描く。

41

次に貼る。貼る時のポイントは３つ。

・のり付けの専用の台紙（ミスプリントの裏紙など）の上でする。
・いろいろ置いてみて、どこがいいか決める。
・必ずちょっぴりでいいので、こいのぼりを重ねること。

　これも今後の授業で役に立つ基礎的なことである。
最後にひもをつなげて、カモメなどを描き入れ完成。

　人物を入れてもよいが、この実践時はあえて入れて
いない。それは学期はじめでまだ人物の動き・描き方
をクラスでやっていなかったからである。そのかわり
誰でも簡単に描ける山や家を入れている。ここはクラ
スの実態に合わせていただけたらと思う。

　Ａくんが「ぼくの絵、すごくいい！」と満面の笑顔で保護者に話したらしい。他
にも「図工大好き！」という子が一気に増加。酒井式学級開きは学級経営によい
影響をもたらす。

人物の動きを学ぶ！

ピエロの曲芸

（中・高学年）

　このシナリオで何を学ぶか。ズバリ「人物の動き」である。サーカスのピエロなら逆立ちもなんのその、いろいろなポーズができる。これは、人物の動きを学ぶために作ったシナリオ。

> **このシナリオで体験・獲得させたい造形力**
> 人物の描き方・クレパスの彩色・クレパスのこすり出し

準備物

　クレパス・コピー用紙（A4）・画用紙（16切り）・綿棒・鉛筆・ネームペン・ポスターカラー

指導計画（4時間）

　第1幕　お話・ピエロの練習（構図）
　第2幕　ピエロを描く
　第3幕　ピエロを塗る
　第4幕　スポットライトを入れる

第1幕　お話・ピエロの練習（構図）

　いきなり「ピエロの絵を描きましょう」では、なかなか絵に入り込めない。こういう時はお話に限る。以下のように短くてもいいので教師がお話をしてほしい。

> 　ぼくは、サーカスに行きました。サーカスってすごいね。ライオンが火の輪をくぐったり、アシカがボールを頭の上でキャッチしたり。一番びっくりした

43

のは、ピエロだよ。「おお〜すごい。玉に乗っている！」「わあ、玉に乗りながらお手玉だ〜‼」

見本を見せる。

みんななら、どんなピエロの技が見たいですか。

C：「玉に乗りながら輪を投げるのがいいな」
C：「玉乗りしながら逆立ち」
　子どもたちはいろいろな技を言う。どれも良しとする。

　いきなりだと難しいので練習をする。
　コピー用紙（A4）を2回折って開き、①②③④の部屋をつくる。
　練習なので鉛筆でOK。①には**基本形の人物**を描く。
　頭→胴体→手・足→つなげる、の順である。

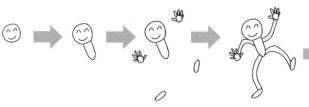

　練習なので顔もニッコリの目・口でよい。
　足の下にボールを描くと、もう玉乗りになる。
　簡単に玉乗りの人物が描けたことに子どもたちは驚く。

②は顔を下に描き、上に胴体を描く。これで逆立ちになる。

目を☆のようにするとピエロ感がアップする。

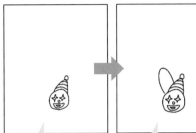

顔を紙の下のほうに描きます。目を☆にして鼻を〇、口を二重にするとピエロらしくなるね。帽子もかぶせよう。

胴体は顔の上に描きます。顔と胴体が一直線にならないようにね。

手・足を描きます。描けたらつなげよう。

手の下にボールを描くと、もう逆立ちになったね。足もクロスしてみよう。

③は顔を逆さにする。後は同じ。テンポよく進める。

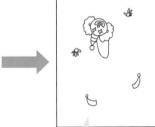

顔を逆さに描くよ。
今度は髪の毛も入れてみよう。もじゃもじゃにします。

足は、おしゃれなくつをはかせます。

玉を描くと、ほら、もうジャグリングだね。リングを描いてもいいね。

④は足の下に斜めに２本線を入れる。すると、あっという間に綱渡りになる。

ピエロの帽子を
おしゃれにして
みよう。

手・足を描いて
つなげます。手
を同じ向きにし
てみよう。

ピエロの洋服を
着せます。腕と
足の線が……。
あら不思議！
縞模様の服に早
変わり。

足の下に線を２
本引くだけで綱
渡りになった
ね。観客も描い
てみよう。

　ここまでわずか１時間で子どもたちは基本形から逆さ顔、逆立ち、綱渡りまで練習したことになる。これでどのようなポーズも描ける。

第２幕　ピエロを描く

　画用紙（16切り）にネームペンでピエロを描く。前時で練習しているので自分が描きたいポーズのピエロが描ける。

　ここで右写真を見ていただきたい。指１本でボールの上で逆立ちし、しかも両足クロスの上で皿回し……。「現実ではありえない」ポーズ。しかし、サーカスのピエロなら「スゴイ技」としてOKとなる。

　だからどの子も認めて褒めることができる。

第3幕　ピエロを塗る

　ポイントは3つ。

> ①細かいところはポスカで塗る。
> ②広いところはクレパスで塗って綿棒クルクルをする。
> ③思い切り派手にぬること。

　ボールなどの広い部分はクレパスで塗り綿棒でクルクルをし、洋服の細かい部分や目や唇、リングなどはポスカで塗る。

　教室では、ポスカ8色セットを3箱購入して子どもたちに自由に使わせた。ポスカは細かい部分を塗るのに最適。また、他のシナリオで絵の具を塗るほどでもないような細かい部分などをサッと塗れて超便利。ぜひ教室に常備するのをおすすめする。

　サーカスのピエロなので思い切り派手に塗らせる。

ただし、顔の肌の部分は塗らない。白粉を塗っているからである。ほっぺのみ綿棒にクレパスの赤を直接つけたものでこする。名付けて「こすってスリスリ」。

ほっぺたは「こすっ
てスリスリ」をする。

第4幕　スポットライトを入れる

ピエロに当たっているスポットライトを入れます。

約10cm×10cmの画用紙を配付。

○や☆など好きな形を描いて、はさみで切り取る。

下の①〜⑥から１つ選び、**別紙の上でクレパスを濃く
塗る。必ず裏紙など別紙の上で色づけをすること。**

①赤・オレンジ・黄色　②緑・黄緑　③青・紫・水色　④ピンク・紫

⑤オレンジ・黄色　　⑥水色・紫

これらは似た色の組み合わせである。

○や☆に色をつけたものを本番の紙の上に
持ってきて、指でシュッシュッと外側に向かっ
てこすり出す。

左手で型紙をしっかり押さえて、右手で
外に向かってシュッシュッ。

台紙に貼って完成。 （3年生作品）

たこおやぶん

（全学年）

「たこおやぶん」は、どの学年でも追試可能な寺田のオリジナルシナリオ。
「重なり」を学ぶためのワークを取り入れた新バージョンを紹介。

このシナリオで体験・獲得させたい造形力

かたつむりの線・重なり

準備物

画用紙（8つ切り）・クレパス

指導計画（全4時間）

第1幕　お話・足先までを描く
第2幕　GIGA端末でつなぎの練習
第3幕　つなぐ
第4幕　つかんだものを描く

第1幕　お話・足先までを描く

T：お話をします。目を閉じましょう。

広ーい広ーい海です。
その海の底に、人間が知らない「たこの国」がありました。
そこにはね、大きいたこ、小さいたこ、おじいさんのたこ、子どものたこ、
……たこがいっぱい暮らしていました。

　そのたこの国に、誰もがすごいと思っているタコがいました。
　何がすごいかというと、「足がう〜〜んと長い」のです。だからどんな遠いところの魚や貝や、ヒトデなども、長〜い足をぐ〜〜んと伸ばしてヒョイとつかむことができました。
　そのタコがあんまりすごいので、みんなはそのたこのことを「たこおやぶん」というようになりました。
　どうして「たこおやぶん」かって？
　それはね、長い長い足で遠くのものまでつかめるし、太い太い眉毛がまるで「親分」みたいに強そうでかっこよかったからなんです。
　ある日のことです。たこおやぶんのところに小さな小学校１年生ぐらいの子どものタコがやってきました。そしてたこおやぶんに言いました。
　「ねえねえ、たこおやぶん、おやぶんがね、ヒョイと足を伸ばすと、どんな遠いところの魚やカニやワカメなんかがとれるって……。ほんと？」
　「ああ本当だとも。よ〜し、見せてやるかな。それっ！」
　たこおやぶんは、ぐ〜〜んと足を伸ばしました。

　たこおやぶんの顔を描きます。まずは鼻です。描こうと思うところに指をさしてごらん。

　さっと全員チェック。画用紙は縦でも横でもよいが、指をさしたところが下半分かつ端でなければよしとする。
　鼻→目→口→眉毛→輪郭の順に描く。眉毛は強そうに。
　口は、たこなので吸い付ように描く。目玉は最後でもよいのだが、どちらかを見つめるように先に描いておく。

次は足を描きます。たこの足は8本だね。これでいいですか？

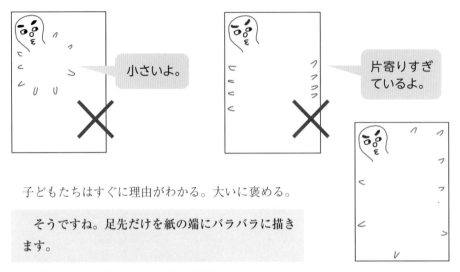

小さいよ。

片寄りすぎているよ。

子どもたちはすぐに理由がわかる。大いに褒める。

　そうですね。足先だけを紙の端にバラバラに描きます。

第2幕　GIGA端末でつなぎの練習

　いよいよつなぎます。まず、先生が1本だけつないでみます。どれがたこおやぶんの足ですか？

C：「③‼」「①は短いよ」

　そうですね。③のように長い長い足にします。

交わりまで一気に教える。

　どちらが正しいですか？

C：「右！」

T：「そうですね。透明にならないようにします」

かさなりバッチリワークを使って練習します。

つなぎは低学年になればなるほど、難しい。せっかく上手にたこおやぶんの顔が描けても、つなぎで失敗してしまうというケースもある。そこで、GIGA端末を活用してつなぎの練習をする。

右上のワークをPCに取り込んでおき、子どもたちの端末に送る。タッチペンを使って、何度も重なりの練習をする。一番いいのは

何度でもやり直せる

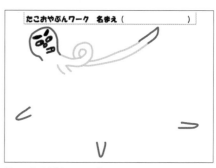

ところだ。

できたら、たこおやぶんワークを使ってタッチペンの色を赤色に変えて、たこおやぶんの足を描いてみる。これも、初めはなぞるようになっていて、足も4本なので取り組みやすい。

（たこおやぶんワーク）

最後はロイロノートの提出箱に提出させる。

第3幕　つなぐ

本番の紙で、たこおやぶんの足をつなぐ。

4本目ぐらいまでは順調にいくが、その後「先生、どこから描けばいいのですか？」と困ってしまう子が出てくる。

そこで次のように言う。

これ以上描けないなと思っても、大丈夫。途中から線を入れます。「必殺ごまかしの術」です。

もうつなぐところがない。

途中からつなぐとよい。

赤色部分が途中からつないだところだが、後で見ると全くわからない。

第4幕　つかんだものを描く

最後に、たこおやぶんがつかんだものを描きます。たこおやぶんがつかんだものは何ですか？

C：魚だと思うよ！

C：カニじゃない？

他にもワカメや長ぐつ、めがね、宝箱などいろいろつかませると楽しい。

最後に「ちびたこ」を朱色のクレパスで描いて完成。

うまく描けたよ！

（2年生作品）

ロイロノートで写真を撮り、感想を書いてつなげて提出させる。

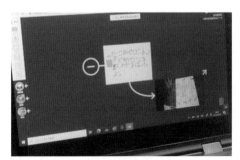

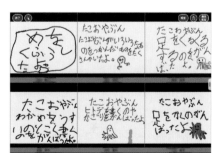

アジサイとこびとのさんぽ

（１～４年生）

　梅雨の季節といえばアジサイ。このシナリオはアジサイだけでなく、人間の動きもクレパスの使い方の初歩も学ぶことができる。１学期にぴったりのシナリオ。P.43の「ピエロの曲芸」をしていないクラスはぜひ。

このシナリオで体験・獲得させたい造形力
アジサイの描き方・クレパスの彩色・人物の動き（ムーブメント）

準備物
　画用紙（８つ切り）・コピー用紙（Ａ４）・ネームペン・クレパス・綿棒

指導計画（４時間）
　第１幕　お話・アジサイを描く
　第２幕　アジサイを塗る
　第３幕　こびとを描く
　第４幕　こびとを塗る・仕上げ

第１幕　お話・アジサイを描く
　まず、目を閉じさせてお話をする。

> 　ぼくは夢を見ました。
> 　夢の中でしとしと……、雨が降り続いていました。
> 　でも、庭のアジサイの花は、雨が大好き。
> 　水色のアジサイは、よーく見ると水色の花だけではありませんでした。雨に濡れて紫やピンクなども混じっていて、とても美しいのでした。

あれ？　夢の中でぼくは体が小さくなっていました。なんとこびとに変身していたのです。しかもかわいいこびとの帽子もかぶっていました。ぼくはアジサイの上でジャンプ！

わーい高く跳べたぞ～～。あっ、あそこのアジサイの上で寝ているのは？ケンちゃんだ。さっちゃんは傘を持って空を飛んでいるぞ～～。

アジサイの葉っぱでかくれんぼをしているのは？　マーくんだ。

雨の日のぼくたちの散歩は、みんな好きなことをしてとても楽しそうでした。

画用紙（8つ切り）を配布。
だいたいこの辺りに描こうかなと指でなぞってから、

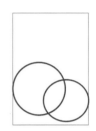

アジサイを描きます。
まる・ちょっぴりとんがりで描きます。

ネームペンで描く。

2つ目の花は1つ目にちょっと重なるように描かせる。3つ目、4つ目も同様。かためて花を描くことでアジサイらしくなってくる。

葉っぱも描く。

第2幕　アジサイを塗る

クレパスで、アジサイを塗ります。綿棒でクルクルのばします。

青アジサイは、使う色は青・水色・紫から2色選んで塗る。ピンクアジサイはピンク・紫・赤から2色を選んで塗る。綿棒でクルクルしてのばす。

アジサイの周りは「こすってスリスリ」で塗る。

赤クレパスに直接綿棒をつけて、そのまま綿棒を画用紙にこすりつける方法だ。

子どもたちは休み時間に「これがぼくの絵」「うまいでしょう」「これが○○ちゃんの絵」「みんなうまいな〜」と言い合っていた。

酒井式で指導すると、他人と比べて自分の絵が下手だと言う子はいない。それは自分の絵に満足するからである。

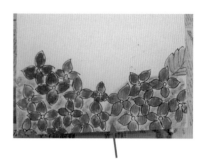

（周りは、こすってスリスリ）

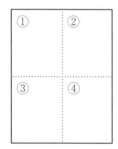

①	②
③	④

第3幕　こびとを描く

コピー用紙を４つに折り、①②③④と番号をつける。

①は基本形を描く。

> **まず、頭の○を描きます。ゆっくり、かたつむりの線だよ。**

酒井式の、頭→胴体→手足→つなげる、の順で描く。

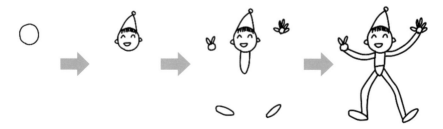

胴体は「大なすび」にならないようにね。

これを言う前はずいぶん「なすび」になってしまう子がいた。

低学年には「なすび」という言葉は抜群の効き目がある。

もう1つ、足は「あんパンではなく、コッペパンにしましょう」と言う。これも、子どもたちは「足はコッペパン！」とすっかり覚えてしまった。

足はアンパンではなく・・・コッペパンで

2人目は1か所変化させる。

胴体を斜め横に描いてみましょう。

胴体を描く場所を変えるだけで全く違った動きが描ける。

次は逆立ちです。簡単です。顔を描いたら、こんなふうに顔の上に胴体を描けばいいんだね。③に描きましょう。

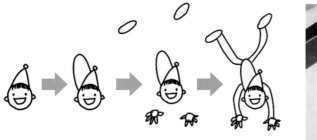

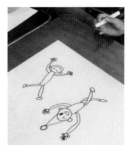

最後は逆さ顔です。④に描きます。

　これをすると子どもたちは人物の動きをすっかり
マスターし、描くのが楽しくなる。

　その後、画用紙にこびとを描く。

　コピー用紙で練習しているのでスッと描くことが
できる。ジョウロを持っていたり、傘をさしたり、
かくれんぼをしたりしているこびと……。

　ここは子どもたちの個性が出る。大いに褒める。

　服は線1本で半袖にもなるし、長袖にもなる。ボ
タンや蝶ネクタイなどを描くとかわいらしい。

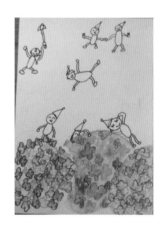

第4幕　こびとを塗る・仕上げ

　肌の色は黄土色を薄く、その後に薄だいだいを重ね塗りし、綿棒でクルクルの
ばす。

　ほっぺたと口の中は先ほどの「こすってスリスリ」の方法でうっすらと塗る。

　このほっぺたのほんのりピンクになるやり方（こすってスリスリ）は知ってい
るのと知らないのとでは大きな差が出る。きっちり教えるべきことは教えてい
く。

　服の色は自由。雨を降らせて完成。上の2枚は2年生での実践の完成作品（2年生なのでアジサイを直接クレパスで描いている）。下2枚は4年生作品。

簡単！　きれい！　1年生も熱中

アサガオ　こすり出し

（1・2年生）

　　クレパスだけでこんなにきれいなアサガオが描ける！　こすり出しを使ってきれいなアサガオを描こう。夏にぴったり。暑中見舞いはがきの書き方の指導と一緒にすれば教科横断的に活用できる。

> ## このシナリオで体験・獲得させたい造形力
> クレパスのこすり出し

準備物
　　画用紙（8つ切りの4分の1の大きさ）・クレパス・画用紙（約10cm×10cm）に切ったもの2枚・はさみ・セロハンテープ・ネームペン・綿棒

指導計画（5時間）
　　第1幕　クレパスのこすり出しをする
　　第2幕　仕上げる
　　第3幕　鑑賞をする

第1幕　クレパスのこすり出しをする
　　見本を見せる。

　　　素敵なアサガオを描きます。
　　　まず、アサガオの型紙を2枚作ります。
　　　鉛筆でまあるく。ちょっとだけヒラヒラしてもいいです。
　　　でも、やりすぎはダメですよ。

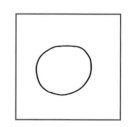

少しヒラヒラ
してもいいよ。

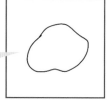

でもこれは
グネグネし
すぎだね。

　はさみで切ります。切り込みのとこ
ろ（右の赤線部分）はセロハンテープ
でとめます。

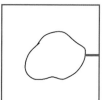

　こすり出しをします。
①水色・青
②紫・青
③赤・紫
①②③のどれか1つを選びます。
内側に濃く色をつけてこすり出します。

色のパターンを変えて2つか3つ描く。
型紙が2枚あるので違う形の朝顔ができる。

第2幕　仕上げる

　支柱を描きます（画用紙がはがきサ
イズの場合は無しでもよい）。
　アサガオのところは透明だよ。

支柱は1本または2本。黄土色や黄色がきれい。
植木鉢や横の支柱は描かない。

葉っぱやつぼみ、つるを描きます。
支柱のところにつるも描きます。

つぼみはコッペパンを
描いて斜めに線を数本入
れるだけ。

描けたら綿棒でクルクルやさしくこする。
最後に言葉を書いて出来上がり。

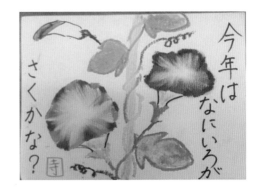

なお、高学年ではこすり出しではなく直接塗って綿棒でこするやり方もある。

ネームペンまたは筆ペンでアサガオを描く。青と紫のクレパスで花の淵を塗って綿棒でこする。

国語の俳句の学習とからめて、教科横断的に活用することも可能。

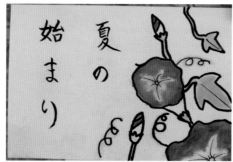

夏の始まり

朝顔につるべ取られてもらい水

すてきな朝が続く

いずれも6年生の作品

第3幕　鑑賞をする

　ロイロノートで写真を撮り、感想を書いてつなげて提出する。

　　配信機能を使って、各自のパソコンに配信し、良いところを言い合う。カード
に書いて提出してもよい。

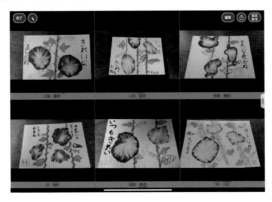

　Jamboardでの鑑賞もありだ。GIGAをドンドン活用しよう。

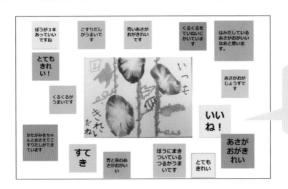

付箋に良いところをどんどん書いて貼り付ける。

ピチピチ跳ねる金魚を描こう

金魚すくいをしたよ

（中・高学年）

香川真衣音さんといえば、酒井式で描いた作品が、あのハプスブルク家に購入されたということで有名。2014年に東京ビッグサイトで行われた第1回酒井式展覧会には真衣音さんの金魚の絵が飾られた。本実践は、あの時見た生き生きした金魚、「あのような金魚をどの子も描けるようにするにはどうすればよいか」と考えて作ったシナリオである。

（香川真衣音さんの作品）

このシナリオで体験・獲得させたい造形力
金魚の描き方・人物の描き方・クレパスの彩色

準備物
絵の具・クレパス・コピー用紙・画用紙（8つ切り）・綿棒・鉛筆・ネームペン

指導計画（7時間）

第1幕　金魚の描き方を練習する

第2幕　金魚を描く

第3幕　顔を描く

第4幕　体を描き、つなげる

第5幕　クレパスで金魚を塗る

第6幕　クレパスで人物を塗る

第7幕　水を塗って完成

第1幕　金魚の描き方を練習する

　教師が子どものころにお祭りに行った話をする。屋台で金魚すくいをしたこと。4匹目をすくったら紙が破れたことなど。子どもたちに聞いてみると多くの子が「（コロナ前に）金魚すくいをしたことがある」と答えた。

　理科で使う虫眼鏡をポイの代わりにして疑似体験をさせる。

「おっとっと……。すくえた!!　……あああ落ちちゃった〜〜」

　このような場面を代表でしてもらうには、やんちゃ坊主が一番！　しかも、うまい！　教室が笑いで包まれる。

　コピー用紙を6等分して印刷したものを配付。

①	②	③
④	⑤	⑥

> **金魚を描きます。①に自由に好きに描きましょう。**

　2、3分でサッと描かせる（鉛筆）。

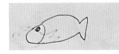

ほぼ全員が写真のような魚になる。②からは酒井式で描く順序を教える。

 頭を描く。

 尾びれを下に描く。

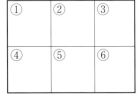 つなげると、ピチピチ跳ねる魚になったね。

同様に③は、頭を下に描く。

頭を下向きに描く。　　尾びれを上に描く。　　頭と尾びれをつなげる。

魚だって、頭→尾びれ→つなぐ、という酒井式の描き方でスイスイ描ける。

④には、出目金を描く。

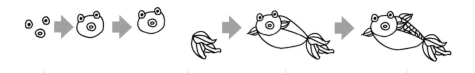

〇を3つ描いて、目と口にします。

尾びれはひらひら3つ。

つなげます。顔の横にひれを描きます。

背びれ・うろこを描くと、デメキンの出来上がり！

⑤には、尾びれの位置を変えた出目金を描く。「変化のある繰り返し」だ。

顔はさっきと全く同じ。

尾びれの位置を今度は左にするよ。

向きを変えるだけで違った出目金になるね。

⑥はランチュウを描く。

ひょうたんを描いて、目・口を描きます。

頭のでこぼこを描いて……。

ひらひら尾びれ！

お腹はぽっちゃりにするといいね。ひれ・うろこを描いて出来上がり。

⑥まで描き終わると、このよう言う。

　①と⑥を比べてみましょう。

①で描いた魚が次のように変化する。

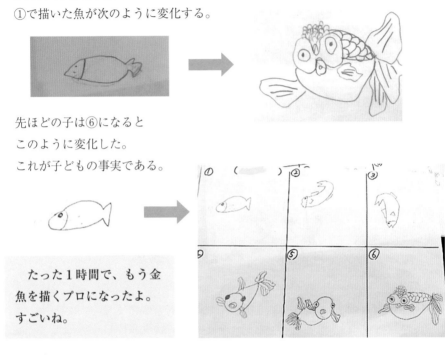

先ほどの子は⑥になると
このように変化した。
これが子どもの事実である。

　　たった1時間で、もう金
魚を描くプロになったよ。
すごいね。

などと褒める。
　休み時間にも自由帳に金魚を描きまくる子が出る。

第2幕　金魚を描く

　8つ切りの画用紙に、まず水槽の線を鉛筆で薄く描く。

　真ん中よりやや下辺り。水平ではなく少し斜めに描く。

　次にメインの金魚をネームペンで描く。出目
金でも、ランチュウでも普通の金魚（和金）で
もよい。

　初めに描くのは何ですか？──○3つ、顔。

　次に描くのは何でしたか？──ひらひら尾び
れ。などと、次々と質問していく。

（水槽の線を鉛筆で薄く引く）

次に、ポイを描く(鉛筆で薄く)。

①集中集中。今まさにすくおうとしているところ
②すくったぞ！　すくいあげた瞬間
③ポイが破けて金魚が落ち、あ〜あと言っているところ

①②③のどの場面がいいか選ばせる。
それによってポイの位置が違う。
①ならばポイは金魚の下に重ねて。

②ならばポイは金魚の少し下に。

③ならばポイは金魚の上に紙が破れた
ように描く。
　同じ金魚でも、ポイの描く位置が変わる
だけで描くシーンも変わるのだ。

第3幕　顔を描く
　顔を描く。
　もちろん「触って」酒井式の触感法で。
　金魚を見つめるように目玉を入れる。

第4幕　体を描き、つなげる
　金魚を入れる「お椀」を描く。
　次にお椀を持つ指を描く。
　ポイを持つ手を描いてからポイをペンで描
く。胴体を描いてつなぐ（顔と胴体は一直線に
ならないように）。
　最後に服を着せる。

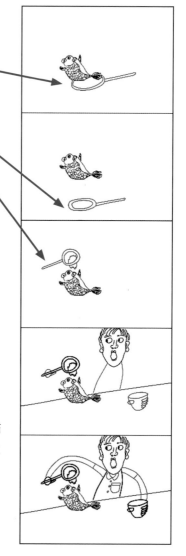

①じーっとねらっているところ

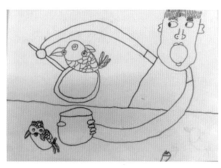

②よし！ すくったゾ〜〜というところ

③ポイが破けて「ああー落ちちゃった
　……」というところ

　この子は、金魚が個性的。一般的な
金魚ではなく、「ぼくがすくったあの
金魚」と主語があるのも酒井式ならで
は。この金魚は「私をすくうなんて100
年早いわ、ホッホッホッ」などと言っ
てるようだ。

第5幕　クレパスで金魚を塗る

　白は使わずに赤・オレンジ・黄色・薄だいだいを使って塗る。
　綿棒クルクルをやると色がいい具合に混じり、きれいに塗ることができる。

第6幕　クレパスで人物を塗る

　人物の色をクレパスで塗る。肌は黄土色を塗ってから薄だいだいを重ねる。服は赤系以外の服がよい。赤い服で赤い金魚をすくってもあまり目立たないからだ。もちろん綿棒クルクルを忘れずに。

第7幕　水を塗って完成

　絵の具のセルリアンブルーを水たっぷりで薄くして水槽の水を塗る。

　水槽は塗らない。塗るときに上を2cm位あければ、そこが水槽だとわかるからだ。もちろんバックも塗らない。**「金魚、ポイ、自分」**があれば金魚すくいだって**わかる**からだ。

（3年生作品）

綿棒クルクルに熱中。おいしそうなミニトマトを描こう

ミニトマトとぼく・わたし

（低・中学年）

生活科で夏野菜を育てる。「ぼくのミニトマト、もうこんなにたくさん実がなったよ！」「赤くておいしそうだよ」そんな声が聞こえてくる絵を描こう。

このシナリオで体験・獲得させたい造形力

ミニトマトの描き方・クレパスの彩色・人物の描き方

準備物

色画用紙（８つ切り・薄黄色・薄クリーム・薄水色・薄ピンクから１色選ばせる）・クレパス・絵の具・ネームペン・綿棒

指導計画（５時間）

第１幕　ミニトマトを描く
第２幕　自分を描く
第３幕　ミニトマトを塗る
第４幕　自分を塗る
第５幕　葉っぱを塗る

第１幕　ミニトマトを描く

目を閉じさせてお話をする。

　ぼくは、夢を見ました。

　夢の中でふしぎなおじいさんと出会いました。おじいさんはぼくに種をくれました。その種を植えてみると……。次の日、もう芽が出ていたのです。

　何の芽だろうか？　と思っているとまた次の日、もうぐんぐん育ってきているのです。

「あっ、これは見たことがあるぞ！　学校で植えたミニトマトだ！」

　ぼくは思いました。

「これはすごい！　よーし、もっと大きくなれ！」

と言って、じょうろで水をたっぷりあげました。

　そしてまたまた次の日。

　ぼくはびっくり仰天。なんと！　もうミニトマトがたくさんなっていました。

　真っ赤なおいしそうなミニトマト、ちょっとオレンジ色のミニトマト、まだ黄緑色のミニトマト……。1つの房に10個ぐらい、たーーっぷり。

　そうです、おじいさんがくれた種はふしぎのミニトマトの種だったのです。

「すごーい。あっ、これおいしそう」「よし、味見しちゃえ」

　ぼくは1つつまんでとりました。

「ぱくっ　おいしーい！」

「ハイ、目を開けて。この、ミニトマトがたくさんできて見ているところ、つまんでいるところを描きます。」

　見本を見せる。

まず、支柱を鉛筆で薄く描きます。
斜めに描きます。

つるをペンで描きます。重なっているところは見えないように。

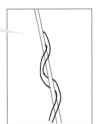

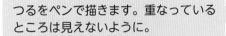

もし、重なってしまった場合でも大丈夫。
ひもを上から描き入れて結べばよい。

枝を描いて一番下にミニトマトを1つ描きます。
ミニトマトの大きさはピンポン玉くらい。

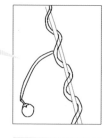

上に上にミニトマトを増やしていきます。ちょっ
と重なるように描くといいね。

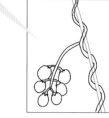

ほんの少し重ねる

1房に8〜10個ぐらい。たくさん描きます。

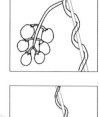

　子どもたちはどうしても小さく描
いてしまうので、小さくならないよ
うに声かけする。

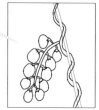

ミニトマトは全部で3〜4房描く。
　主役はミニトマト。葉は脇役なので少なめに入れる（ミニトマトと重なるよう
に）。

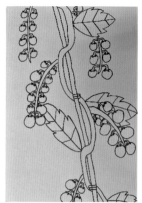

第2幕　自分を描く

　いくつか見本を見せて選ばせる。

> 正面顔・横向き顔・逆さ顔・全身。自分をどのように入れるか考えます。

　○→鼻→目→口→髪の毛→胴体→手→つなげる、この順で描く。
　一番簡単なのは横向き。特に胴体も描かない左上の写真のようにすると簡単。
　早くできた子はトンボ・テントウムシなどを入れてもよい。

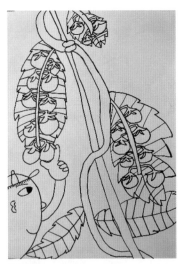

全身

横向き

逆さ顔

正面顔

第3幕　ミニトマトを塗る

　生活科で栽培しているミニトマトがあれば、実物を借りてきて見せる。または写真でもよい。

　　ミニトマトの実の色で気づいたことをどうぞ。

C：色が違うよ。
C：まだ赤くなっていないのもある。

　　そうですね。黄緑色のものは黄緑と黄色で、赤いものは赤とオレンジ・黄色で塗ります。綿棒でクルクルするときれいにできます。ただし、光っている部分を必ず塗り残すこと。右上なら右上と全部同じ場所を塗り残すといいね。

　子どもたちはミニトマトを塗るのに集中する。
　シーンと塗る姿をたくさん褒めよう。

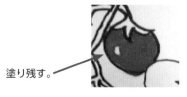

塗り残す。

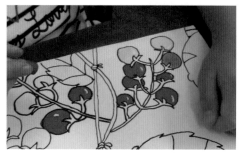

第4幕　自分を塗る

　　肌の色は黄土色を薄く塗って、その上に黄色も薄く塗ります。その上に薄だいだいを濃く塗り重ねます。

　黄色を少し入れるのがミソ。

　ほっぺと口の中は「こすってスリスリ」をする（P.14参照）。

　髪の毛はこげ茶と黒で。

　もちろん綿棒クルクルも。

　服の色は自由だが、赤系統・緑系統の色は避ける（服が赤や緑だとミニトマトと重なってしまう）。

第5幕　葉っぱを塗る

　青・緑・黄緑をパレットに出します。

　この3色を使ってパレットにできるだけたくさんの緑色を作ります。

前に呼んでやって見せる。

　中筆を水入れにチャポンと入れて、淵で「いい子いい子」をします。そして青と緑を混ぜて500円玉ぐらいの大きさにします。これで葉っぱを少し塗ります。そのまま次はちょっと黄緑を入れて違う500円玉を作ります。

　今度は緑と黄緑を混ぜて500円玉を作ってみるよ。もう3つも500円玉ができたね。

　このように、500円玉ぐらいの大きさをパレットにたくさん作って葉っぱを塗る。写真は3年生のものだが、たくさんの緑の500円玉を作ることができている。

　人物の白目部分をポスカの白で塗って完成。

（右下写真）ミニトマトの絵に「アジサイとこびとのさんぽ」で出てきたこびとを入れ、言葉を入れると「ポスター」になる。このポスターは人権ポスターのコンクールで入賞した。このように、様々な応用も可能だ。

80

りゅうに乗って空をとぶところを描こう

エルマーのぼうけん

（2年生以上）

エルマーのぼうけん（ルース・スタイルス・ガネット著）は2・3年生ぐらいの子にぴったりの本ではないだろうか。ワクワクドキドキの冒険の世界を絵に表そう。絵画展にもおすすめ。

このシナリオで体験・獲得させたい造形力
りゅうの描き方・クレパスの彩色・背景のにじみ技法・海の塗り方

準備物
画用紙（4つ切り）・クレパス・コピー用紙（B4）・鉛筆・はさみ・のり・綿棒・絵の具・刷毛

指導計画（9時間）
第1幕　りゅうの練習
第2幕　りゅうを描く
第3幕　りゅうを塗る
第4幕　エルマーを描く
第5幕　エルマーとりゅうを切る
第6幕　海を塗る
第7幕　空を塗る
第8幕　エルマーとりゅうを貼る
第9幕　仕上げ

第1幕　りゅうの練習

　実践する前に「エルマーのぼうけん」の読み聞かせをおすすめする。一気に読むのは長いので、朝の読書の時間等に毎日１～２章ずつ読み聞かせをするとよい。数日たつと、「先生、エルマー読んでください」「エルマー楽しみ！」という声が聞こえてくるようになる。要点だけをかいつまんで話をしてもいいのだが、ゲーム・YouTubeばかりの子どもたちに、ぜひ本の面白さにも気づいてほしいと思う。

　エルマーが一番うれしかったときは、どの場面と思いますか？

Ｃ：りゅうを助けたときだよ。
Ｃ：りゅうを助けて、夢だったりゅうの背中に乗ったとき。
Ｃ：りゅうを助けて、空を飛んでいるとき。

　そうですね。エルマーがりゅうを助けて、楽しく空を飛んでいる様子を絵に描きます。

　見本を見せる。
Ｃ：わあ、先生。うまい。
Ｃ：ぼくも描きたい！

　いきなりは難しいので、今日はりゅうを描く練習をします。

　そう言ってコピー用紙（Ｂ４）を配付。
　２回折って開き、①②③④と番号をつける。

①	②
③	④

　①に自由に好きなようにりゅうを描きます。鉛筆で描きます。

　子どもたちは、
「こんなの変だよ」
「りゅうじゃない」と
ブーブー文句を言う。

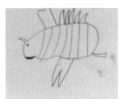

　毎日読み聞かせの際に挿絵も見ていたはずなのに、いざ「自由に描いてごらん」と言われても描けないものなのだ。大人だって同じである。

> 　大丈夫です。寺田マジックです。この1時間でみんなはりゅうを描くのが得意になれます。

　そう言って、②にりゅうを描く。これも、鉛筆でよい。

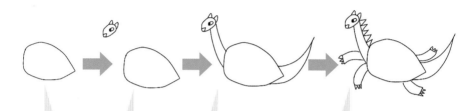

レモンを描きます。	頭を描いて……。	つなげます。首もしっぽも太く。	足を描きます。爪とたてがみを描くと、りゅうになってきたね。

> 　エルマーのお話のりゅうは、縞模様があるのだったね。縞模様を入れて羽を付けたら……。ほら、出来上がり！

　③は、頭を右に描いて右向きのりゅうにする。
「初めに描くのは何でしたか？」
「次に描くのは何でしたか？」
「次に描くのは何でしたか？」
こうやって次に描くものを確認しながら進める。

　④は頭を描いたときに、後ろ向きに目と口を描く。後は同じ。

> 　変化のある繰り返し

である。

①と④を比べてみましょう。

C：うわ、①って変!!

C：全然違うよ！

C：本当にマジックだ！

　子どもたちは①と④の違いにビックリする。

　この１時間の変化は実際にクラスでやって
みるとわかるが本当にすごい。

**もうみんなはりゅうを描くプロです。
すごいなあ。**

　大いに褒めてこの時間は終了。

第２幕　りゅうを描く

　Ｂ４のコピー用紙にペンで描く（羽は
後からコピー用紙に描いて上から貼って
もよい）。

　第１時でりゅうの描き方をやっている
のでスムーズに描ける。

　その後、自由帳やGIGA端末のお絵描きで、りゅうを描く子が続出する。

描けるようになってうれしい→もっと描きたい

　これは、エルマーのシナリオだけではない。

他のシナリオでも自由帳に描きまくる子が続出した。隣の学級の先生も「寺田先生、子どもたちが自由帳にりゅうをいっぱい描いているんです。家で描いたのも見せてくれました」と言うぐらい。酒井式で指導すると、それだけ「描けてうれしい」という喜びがある。

（GIGA端末でもりゅうのお絵描きに熱中）

第3幕 りゅうを塗る

クレパスの黄色でまず塗ってから、青い部分を青と水色のクレパスで塗る。

もちろん綿棒クルクルも忘れずに。

たてがみと爪は赤のポスカで塗ると、きれいに塗れる。

第4幕 エルマーを描く

コピー用紙（B5の半分）にネームペンでエルマーを描く。りゅうにまたがっているので足は1本でよい。

両手をバンザイしているところでもいいね。

頭を描いて……。

次に胴体・手。

手足を描いてつなげます。

右手はりゅうの首の向こう側なので手首までを描く。

描いたらクレパスで塗る。

　肌の部分は黄土色を薄く塗った上に、薄だい
だいを濃く塗り重ねる。

　ほっぺと口の中は「こすってスリスリ」
（P.14参照）。

　エルマーの服は自由に塗らせる。

第5幕　エルマーとりゅうを切る

はさみで切る。切るときのポイントは3つ。

①チョッキンチョッキンは床屋さん、はさみの奥を使って切る。
②大まかに切ってから、細かく切る。
③紙を回しながら切る。

切れたら裏に鉛筆で名前を書き、教師が預かっておくのが一番よい。

第6幕　海を塗る

絵の具のビリジアンと藍色をパレットの広いお部屋に出す。

　大筆をチャポンと水入れにつけて、そのままパレットに水を垂らします。

　1回、2回、……全部で5回。藍色と混ぜると、だぶだぶジュースができる
ね。

このようにして、緑のジュースと藍色のジュースをパレット上に作る。

刷毛をビリジアンにつけて……、海のところをサーーッ。こちらもサーーッ。画用紙の外にはみ出すように。そのまま洗わずに藍色のジュースにつけて、サーーッ。ほら、海の色になったでしょう？

子どもたちは、「海の色は青色」という思い込みがある。しかし、ビリジアンと藍色で深い海の色を表すことができる（最近の絵の具にはビリジアンや藍色が元々入っていないものもある。その場合は教師のものを使わせる）。

第7幕　空を塗る
見本を見せて、塗りたい空の色を決めさせる。

①青空にする人　　→　セルリアンブルー・黄色
②夕焼けにする人　→　蛍光オレンジ・蛍光イエロー
③紫の空にする人　→　モーブ・ウルトラマリンディープ

蛍光オレンジ・蛍光イエロー・モーブ・ウルトラマリンディープは全てポスターカラーである。やってみるとわかるが発色が非常に美しい。学級費などで購入し、子どもたちにパレットを持ってこさせ、配付する。

大筆をチャポンと水入れにつけて、そのままパレットに水を垂らします。
1回、2回、……全部で5回。だぶだぶ混ぜるとジュースができるね。

第6幕と同じようにパレットの広い部屋にだぶだぶジュースを作る。

海のときは、そのまま塗ったでしょう？
空はね、先に水を刷毛で塗ります。
水が乾かないようにスピード勝負。
全面に水が塗れたら、刷毛で空の色を
さーっとにじませます。

　にじみ技法である。水を塗ってからパレットにだぶだぶジュースを作っていては水が乾いてしまう。必ずだぶだぶジュースを作ってすぐに塗れるようにしてから、水を刷毛で塗ること。

第8幕　エルマーとりゅうを貼る

　貼るときのポイントは2つ。

①どのように貼るとよいかを自分でいろいろ試してみてから貼る
②のりは台紙（いらない紙）の上でつけること

である。背中にまたがるのか、首を持つのかなども実際に置いてみて決める。

（背中にまたがる）

（首を持っている）

第9幕　仕上げ

　ここからは酒井式の「自由に手を離す」場面である。山、船、鳥、飛行機、ヨット、カモメ……。自分が描きたいものを描いて完成。

　海の波は白のクレパスで描く。

　カモメはペンで描き、白い部分はポスカで塗ると簡単に描ける。

酒井臣吾先生の「ここいいね！」①　　吹き出しは酒井先生のコメントです

> 周りの船や気球、カモメの並び方などを、よく考えましたね。

> とくに、「豪華客船」と夕日がすばらしいです。

> エルマーとりゅうが前へ前へと進んでいるようでとってもすてきです。

（2年生作品）

89

波がまるで本物！　子どもたち大大大満足のシナリオ
サーフィンのチャンピオンになった夢
（2年生以上）

サーフィンでかっこよく波に乗っているぼく・わたしを描く。夢だからサーフィンの経験がなくても大丈夫。本物のような波に子どもたちは大満足。

このシナリオで体験・獲得させたい造形力
波の描き方・人物の描き方・カモメの描き方・スパッタリング

準備物
画用紙（4つ切り）・絵の具・ポスターカラー（ウルトラマリンディープ・セルリアンブルー）はさみ・のり・刷毛・鉛筆・コピー用紙

指導計画（9時間）

第1幕　お話・構図を考える

第2幕　空・遠い海を塗る

第3幕　波を塗る

第4幕　自分を描く

第5幕　自分を塗る

第6幕　カモメの練習

第7幕　自分を貼る・カモメを
　　　　描く

第8幕　カモメを塗る・波のスパッタリングをする

第9幕　仕上げ

第1幕　お話・構図を考える
目を閉じさせてお話をする。

90

ぼくは、夢を見ました。
　夢の中で、ぼくはオリンピックの選手になっていました。誰もが憧れるかっこいいオリンピック選手です。その競技はなんと、サーフィンでした。
　サーフィンっていうのは、大きな波に乗ってすべるやつね。
　ぼくはサーフボードを持って海に出ました。
　波が来るのを待っています。大きな波が来た！
　よし！　ザザーーー。
　ぼくは大波のところを見事にカッコよくサーフボードに乗ったのです。
　そして、見事に金メダル!!　やったあ！

　ぼく、わたしがサーフィンで金メダルを取ったときのことを絵に描きます。

　見本を見せる。
「おおお〜〜（拍手）」「先生すごい」「うまい」
　やはり教師が前もって自分で描いておくことが大事である。ここで子どもたちが「おお〜」と言ってくれたら、もうこっちのもの。

　でも、こんな波本当にぼくに描けるのかなあ、ってちょっと不安に思う人？

　たくさん手が挙がる。そりゃ大人だって不安に思う。

　大丈夫です。先生もね、この波は10分で描いたんだよ。びっくりでしょう？
だからみんなもきっと描けます。

　今日はどんな波にするか、考えます。

　このように言ってコピー用紙を配付。4つに折り、①②③④と書かせる。
「波もいろんな形があります」
　いくつかサーフィンの写真を見せる。

「こんな波がいいなあというのを考えておいてね」

①二重バージョン ④紙が縦向きで二重バージョン
②右ぐるん　バージョン ⑤紙が縦向きで右ぐるんバージョン
③左ぐるん　バージョン ⑥紙が縦向きで左ぐるんバージョン

　①に二重バージョンを描く。上下に波しぶきが二重にあることから寺田が二重と命名した。水平線と山を斜めに描いてから、大波をざぶーんと描く。

　しぶきは鉛筆でぐるぐる。人物は黒丸の棒人間でよい。

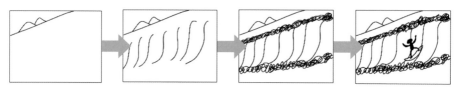

　②に右ぐるんバージョンを描く。

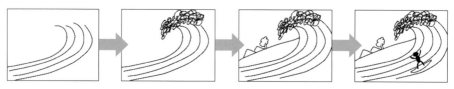

　③に左ぐるんバージョンを描く。

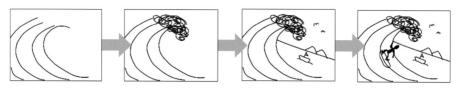

　④は、これまでの中で一番描きたい波のパターンで描く。時間があれば色鉛筆などで波を塗ってもよい。飛行機や家を描くなどアレンジを褒める。

　ここまで第1時。

　ここ数年、第1時ではラフスケッチを取り入れている。こんな感じで描くんだと見通しを持たせるために重要だと感じている。

第2幕　空・遠い海を塗る

　まず、前回のコピー用紙を見ながら、地平線・山・波を鉛筆で薄く描く。

　次に、パレットの大きな部屋に青・セルリアンブルー・緑・黄土色を出して、空・山・遠い海の部分を塗る。

　刷毛を使って、一気に塗る。

第3幕　波を塗る

> 　パレットの大きな部屋にビリジアン（たっぷり）・藍色（たっぷり）・白（たっぷり）を出す。

　最近の絵の具では「ビリジアン」がない絵の具もあるので（「緑」しかない）、ない子に教師のポスターカラーのビリジアンを入れてあげるとよい。パレットにはたっぷりと出すこと。

　子どもたちを前に呼んで実演する。

　刷毛をチャポンと水入れにつけて大きな部屋に落とします。1回、2回、全部で5回ね。ビリジアンのジュースになるね。それを波の向きのとおりにグーグーっと思い切り塗ります。波が流れている向きのとおりだよ。大胆に。

　ビリジアンを塗ったら、そのまま刷毛を洗わずに水を3回藍色に入れます。同じようにビリジアンの上から藍色を重ねます。ゆっくりやったらだめだよ。合言葉は「大胆に一気に」。

　できたら、大筆で白をグルグルグル。5回ぐらいグルグルやったら洗っていい子いい子。またきれいな白をつけてグルグルグル。5回ぐらいグルグルやったらまた洗って、きれいな白をつけてグルグル。ほら、もう波ができたよ。

　ここは立ってやらせる。真っ白の波にするためにも5回グルグルやったら洗っ

て、また新しい白をつける。たくさん白を使
うので、白は大きな容器に入ったポスターカ
ラーを学級で購入しておき、たっぷり新しい
ものを使わせるとよい。ビリジアンの上に藍
色を重ねると深い海の色になる。ここは必ず
教師が前もって描いておくこと。

第4幕　自分を描く

　　金メダルを取った自分を描きます。チャンピオンだからね、すごくカッコよ
く波に乗っているところを描きます。

　Ａ４のコピー用紙にネームペンで描く。

○を描きます。きみたちのグーぐらいより
もちょっと小さいぐらい。

鼻、口、目、耳、髪の毛を描きます。
髪の毛はなびかせるように。

腰をこうやって曲げているんだから胴体は
ここか、ここへもってくるといいですね。

手、足を描きます。足は裸足です。
そら豆を描いて指をつけると裸足になるね。

つなげます。足は踏ん張っているように、
膝を曲げてつなげます。

> 服を着せてサーフボードを
> 描きます。

　酒井先生の講座では、人間とサーフボードを別々に描いて切り取って貼った。しかし私がこの実践をしたのは2年生なので、細い足部分をはさみで切るのを避けるためにサーフボードも一緒に描いた。この辺りは学級の実態に合わせてもらいたい。

第5幕　自分を塗る

> 　サーフィンで日焼けしているので、日焼けの顔にします。
> 　初めに黄土色を塗って……、薄だいだいをその上から重ねて塗ります。

C：本当だ。日焼けした色になった！

> 　口やほっぺたは「こすってスリスリ」をします。
> （P.14参照）

> 　この絵の主役は何ですか？
> 　そう、「金メダルを取った自分」「カッコよく波に乗っている自分」ですね。
> 　だから自分が一番目立たないといけません。
> 　洋服・サーフボードは「派手に」塗ります。

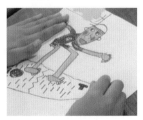

第6幕　カモメの練習

　この第6幕は20分ぐらいの実践。

> 　サーフィンをしているときに飛んでいるカモメを描きます。今日は別の紙に練習します。みんなはこの15分で鳥を描くプロになりますよ。

いきなり本番の紙にカモメを描くのではなく、コピー用紙に練習する。本書でも何度も紹介している寺田マジックである。

　コピー用紙を４つに折って①②③④と番号を振る。

「カモメを描きます。①に自由に、好きなように描いてごらん」

と言って描かせる。

「こんなの変」「ひよこになっちゃった」
と子どもたち。

鳥はね、頭、くちばし、体。足。そして羽をこうすると……。
ほら、鳥になるでしょう。②に描いてごらんなさい。

次は③です。頭・体・足までは同じだね。
羽だけ変えます。羽を上にしたら……、こんな
飛び方もあるよね。

次。④です。今度は羽を下にしてごらん。

紙を裏向けて⑤⑥と描きなさい。
⑤は斜めに飛んでいるようにします。
羽の形は上、下、開く、どれでもいいです。
⑥は向きも自分で変えて羽の形も自由に好きに
描きましょう。

ここまでで

①と⑥を比べてみましょう。

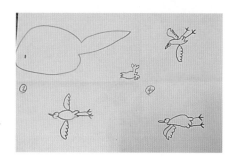

と言う。

「うわ～なんだこれ」「①ってすごく変」「ほんとに寺田マジックだ」と子どもたちビックリ。

　それにしても、「絵は子どもの感性にまかせて。子どもの思いを大事にして描かせなくてはいけない」という人もいるが、この考えでは「鳥を描きたい」という思いがあったとしても、ずーっと描けないままだ。具体的にやり方を教えると２年生でもできる。そして描き方がわかった子どもたちは、どんどん個性を伸ばしていく。

第７幕　自分を貼る・カモメを描く

　第５幕で描いた自分を切って貼る。

（のりは、必ず別紙の上でつける。）　（カモメをペンで描く。海の部分に描いてもよい。）

第８幕　カモメを塗る・波のスパッタリングをする

　この時間は、パレットに出す色は「白」のみ。

　カモメは水が少なめのドロドロ気味でねっとりと濃く塗ります。もし、水が多かったら……。
　ほら、カモメが白じゃなくて海の色になっちゃうね。

97

また近くに呼んで実演。

　サーフボードと海の境目に白で波しぶきを入れます。白絵の具でクルクルとしながらサーフボードのところで波しぶきのように入れます。

　次は、大波の先やサーフボードの波しぶきの細かいところ（赤部分）をスパッタリングで入れます。手のひらをパー。人差し指の上に歯ブラシをのせる。握る。すると人差し指でシュッシュッってできるでしょう。

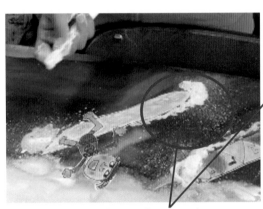

しぶきはスパッタリングで　　　サーフボードと海の境目は白絵の具でクルクル

　波しぶきは、必ず別紙などでお試しをすること。水が多いとボタッと落ちてしまう。

第9幕　仕上げ

　カモメの羽の黒い部分を黒絵の具で塗る。カモメの目は黒ペンでよい。

　後は、気球を飛ばしたり、ヨットを入れたりと自由。ここは酒井式の手を離す場面である。飛行機を飛ばしたり、ペットの犬もサーフィンさせる子もいたりと、子どもたちの個性が出る。大いに褒めよう。

　酒井先生からコメントをいただいた。

　寺田先生、「低学年ならこうなる」という理想を表してくれてありがとう。素敵です。波も、人も、そしてカモメも食べてしまいたいほど可愛いですね。

酒井臣吾先生の「ここいいね！」②　吹き出しは酒井先生のコメントです

元気いっぱいでカッコいい
女の子のチャンピオンです。

ウワーーッ！ こわいけど
楽しい波乗りです。

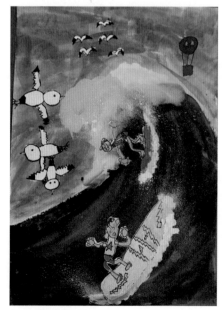

ウワーーッ！ こわいけど
楽しい波乗りです。

なかよし３人組かな。３人と
もとっても楽しそうですね。

（２年生作品）

絵画展におすすめ！

彼岸花のある風景

（中・高学年）

彼岸花のある風景は、どこか懐かしい気持ちになる日本の田舎の原風景だ。描いた本人も「オオー」とビックリする彼岸花のある風景、ぜひ。

このシナリオで体験・獲得させたい造形力

彼岸花の描き方・絵の具の彩色・遠近の構図

準備物

赤のハイマッキー（極太・太の両方タイプのもの）
コピー用紙・画用紙（４つ切り）・絵の具・鉛筆・
ネームペン

指導計画（８時間）

第１幕　構図
第２幕　空・地面を塗る
第３幕　彼岸花の練習
第４幕　彼岸花を描く
第５幕　山・田んぼを塗る
第６幕　お地蔵様・案山子などを描く
第７幕　チョウを描く
第８幕　仕上げ

第１幕　構図

彼岸花の実物を子どもたちに見せる。
写真でもよい。

（３年生作品）

何という花か知っていますか？

C：この花、見たことがある！

C：田んぼの横にいっぱい咲いているよ！

　見たことがあるけど名前は知らないという子が多い。

彼岸花といいます。国語の「ごんぎつね」でも出てきますね。

　今年の絵画展の絵は、彼岸花がたくさん咲いているところを描きます。

見本を見せる。

いきなりだと難しいので、今日はイメージ図を描きます。

コピー用紙を配付。紙の向きは縦でも横でも自由。山を描き、お地蔵様や案山子を描く。

（お地蔵様の描き方は簡単なので
この時に一度やっておくとよい）

次に彼岸花を描く。

どこに描けばいいですか。

お地蔵様と重なってしまうので×。

C：お地蔵様の上はあまりよくないよ。

C：だって、茎がお地蔵様と重なるから。

そうですね。混んでいるところとそうでないところをつくります。高さも変えるといいですね。

このように言って彼岸花（○）を描く。

高さを変える。

彼岸花は、この時点では〇でよい。赤鉛筆で、〇を描く。これで出来上がりのイメージが予測できる。

第2幕　空・地面を塗る

4つ切り画用紙に、鉛筆で地平線・山を入れる。お地蔵様や田んぼなども大まかでよいので入れておく。

見本の空を見せ、選ばせる。

①夕焼け（蛍光イエロー・蛍光オレンジ）
②青空（セルリアンブルー・黄色）
③紫（セルリアンブルー・モーブ）

ポスターカラーは教師がパレットに配付。
子どもたちを前に集めて実演する。

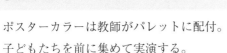
　刷毛を水入れにチャポンとつけてパレットの大きな部屋に入れます。1回・2回……、全部で5回ね。そこに蛍光イエローを溶かします。これでイエローのジュースができたね。

同じように蛍光オレンジのジュースも作る。
それぞれの部屋にだぶだぶジュースを作ってから一気に刷毛で塗る。

濃いと彼岸花の色がきれいに出ないので**ポイントは薄く。**

山やお地蔵様・田んぼなどは、全て黄色で薄く塗る。

第3幕　彼岸花の練習

　赤のハイ・マッキー（極太・太／ゼブラ）ペンを全員分、学級費で購入。裏紙を使って、まず彼岸花の練習をする。

鉛筆でがくを描きます。

マッキーの極太のほうで、花びらを描きます。
くるん、くるん。6枚。1つのがくから6枚出ているように花びらを描きます。
最後のほうは6枚描くと訳がわからなくなるので、6枚描かずにごまかします。

おしべを描きます。お皿みたいだから「お皿、お皿」と言いながら。
これはいいですか？　下向きお皿になっていておかしいね。

これは？　お行儀良すぎるね。だからおしべ同士が少し重なっているように描きます。

これは？　ちょっと短いね。

おしべは、全方向ではなく、横方向に長く描くと、うまくいきます。

　これは練習が必要。

　裏紙だからいくら失敗しても大丈夫。

　3年生でも練習すると上手に描けるようになる。

花びらを描きすぎ。

コツをつかんでぐんと上手に。

第4幕　彼岸花を描く

　おしべは短くなりやすいので「長く」「横に出す」を再度確認する。

おしべを思い切り横に長く描く。

第5幕　山・田んぼを塗る

　パレットに黄緑・緑・黄土色・茶色・青を出す。水を多めにし、大筆で塗る。決してドロドロに塗らないこと。

　子どもたちは「山は緑色」という思い込みがあるが、緑や黄緑に少しだけ黄土色を混ぜるとよいことを教える。また、緑に青を混ぜることで青緑になり、これも山の色には最適である。

この時点では、お地蔵様や案山子の部分は何も塗らないでおく。

第6幕　お地蔵様・案山子などを描く

ネームペンで描く（お地蔵様の描き方はP.101参照）。

キツネを描いても楽しい。

案山子の手はだらんと垂れ下がるように。

逆三角の顔で大きなしっぽにすると、きつねになる。

描けたら絵の具で彩色する。

お地蔵様は白＋少し黒で作った灰色で塗り、前掛けは朱色だけで濃く塗る。

案山子の顔は白でこってりと塗る。**お地蔵様や案山子の目・鼻・口は塗りつぶす。**「せっかく描いたのに」と思うかもしれないが、塗りつぶした後に乾いてからペンでまた目や口を描き込むときれいに仕上がるのだ。「細かいので塗れない」と不安に思っていた子たちも、塗りつぶしてよいと聞き安心する。

できた子は、筆で草を描いたり、田んぼの稲穂を描き加える。ここは自由にさせる。

第7幕　チョウを描く

　紅い彼岸花に黒いチョウは魅惑的である。

　チョウを描く。ただし、何も言わずに「チョウを描きましょう」と言って描かせると「蛾」になってしまう。羽は、むねから4枚出ていることを確認。

蛾 　　　チョウ

　アオスジアゲハの黒部分はペンで塗りつぶし、青部分はセルリアンブルーで塗る。アゲハチョウは黄色をベースに塗ってから他の色を塗る。トンボを描いても OK。

第8幕　仕上げ

　蛍光オレンジで花の中心部分を重ね塗りをする。
こうすることで彼岸花が立体的になった。

　最後に緑・黄緑を使って、茎を画面下まで突き通して描いて完成。
　酒井先生からも

　凄いですね。
　少しの工夫で絵は無限に可能性が広がります。
　少しの蛍光絵の具でこれだけ世界が広がるのですから楽しいですね。

とコメントをいただいた。

3年生41人が打率10割で大満足の結果となった。ぜひ追試してみてほしい。

（3年生作品）

カッコいい親ライオンとかわいい子ライオンを描こう

ライオンの旅立ち

（２年生以上）

　この絵のコンセプトは「物語の続きを想像して、絵に似合った背景を作り出そう」（教育トークライン2021年3月号）である。黒のライオンが蛍光絵の具の背景に映えてとても美しい。想像した背景を組み合わせ素敵な世界を描こう。

このシナリオで体験・獲得させたい造形力
ライオンの描き方・クレパスの彩色・背景の描き方・ライオンの動き

準備物
画用紙（４つ切り）１枚・ネームペン・クレパス・綿棒・絵の具・蛍光ポスターカラー・刷毛・黒の厚口の上質紙（A３）・コピー用紙（B４厚口／A４）・はさみ・のり

指導計画（11時間）
第１幕　ライオンの練習
第２幕　ライオンを描く（１時間）・顔を塗る（１時間）
第３幕　ライオンのたてがみを塗る
第４幕　空・地面を塗る
第５幕　胴体・足を描く
第６幕　はさみで切って貼る
第７幕　子ライオンを描く・塗る
第８幕　しっぽ・爪を描く・子ライオンを切る
第９幕　背景を描く
第10幕　仕上げ

２年生の作品

第1幕　ライオンの練習

まずはお話をする。

> あるところにライオンの親子がいました。お父さんライオンは、真っ黒な体にたてがみ、鋭い爪があり、とても立派なのでした。子ライオンたちはまだ小さく、大きなお父さんライオンの体に乗って遊ぶことが大好きでした。
>
> ライオンには大きな夢がありました。それは、まだ見たことのない世界への挑戦です。どんな困難があるのかわからないけど、自分の力を試してみたいと思っていたのでした。
>
> そして、ついにその朝がきました。美しい太陽が昇ってライオンの親子は勇んで出発しました。すみ慣れた平原を越え、砂漠を越えてどんどん進んでいったのです。

教師が描いた見本を見せる。

> このお話の続きを描きます。
> お父さんライオンがかっこよく進んでいるところ、子ライオンが嬉しそうについて行っているところです。

いきなりでは難しいので、まずライオンの練習をする。コピー用紙を配付。4つに折り①②③④と番号をつける。

> ①に自由に好きなように鉛筆でライオンを描きましょう。

子どもたちは「こんなの変だ」「ライオンじゃない」と口々に言う。

> ライオンはね、実は人間の描き方と似ています。②に描きます。

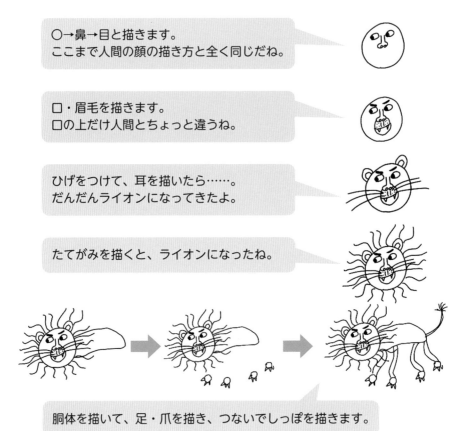

○→鼻→目と描きます。
ここまで人間の顔の描き方と全く同じだね。

口・眉毛を描きます。
口の上だけ人間とちょっと違うね。

ひげをつけて、耳を描いたら……。
だんだんライオンになってきたよ。

たてがみを描くと、ライオンになったね。

胴体を描いて、足・爪を描き、つないでしっぽを描きます。

③は、少しだけ変化させる。胴体を斜めにして、足も違う場所に描く。

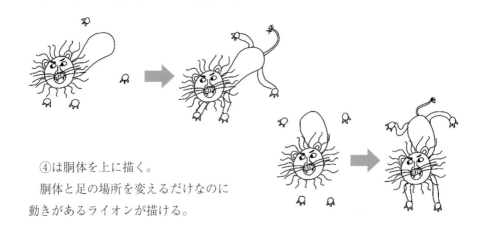

④は胴体を上に描く。
　胴体と足の場所を変えるだけなのに
動きがあるライオンが描ける。

P.109のライオンの絵は、たった
1時間で右のように変化した。

 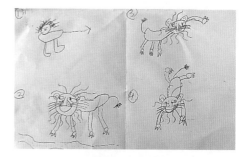

第2幕　ライオンを描く（1時間）・顔を塗る（1時間）

　厚口のコピー用紙（B4）に、ペンで描く
（画用紙だと厚すぎるが通常のコピー用紙だと
たてがみを絵の具で塗ったときにブヨブヨして
しまう。だから厚口のコピー用紙がおすすめ）。

　最初の○の大きさだけ、小さ
すぎないかをチェックする。

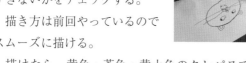

　描き方は前回やっているので
スムーズに描ける。

　描けたら、黄色・茶色・黄土色のクレパスで
塗る。綿棒でクルクルも忘れずに。

　耳の中と口の中は赤を「こすってスリスリ」
をする。

第3幕　ライオンのたてがみを塗る

　パレットに黒・茶色・黄土色を出す。少し水は少なめで大筆で塗る。

　顔部分がクレパスで絵の具をはじいてくれるので2年生でも塗りやすい。

第4幕　空・地面を塗る

　蛍光ポスターカラーのイエロー・オレンジ・レッド・ピンク、ポスターカラーのモーブを用意しておく。ここは蛍光ポスターカラーが必須だ。

　空の見本を数種類作っておいて見せる。

赤っぽい空（蛍光レッド・蛍光オレンジ・蛍光イエロー）
ピンクっぽい空（蛍光ピンク・モーブ）
オレンジっぽい空（蛍光オレンジ・蛍光イエロー）

　色を選んだら、パレットの大きいお部屋に絵の具を入れてあげる。
　前で実演。

> 　刷毛をポチャンと水入れに入れます、そのままパレットの上に持ってきて水を垂らします。1回、2回、……、全部で10回。違うお部屋にも同じようにして水を垂らします。蛍光イエローの水を刷毛でしっかり混ぜます。黄色のジュースができたね。これをサーーっと塗ります。

　地面は蛍光イエロー、蛍光グリーン、青から選んで、これも刷毛で塗る。

（刷毛で塗るときに、同じところばかりこすらないように注意）

第5幕　胴体・足を描く

　ライオンの胴体・足は**黒のA3サイズ厚口の上質紙**に鉛筆で描く。普通の厚さだと、のりで貼った際にブヨブヨしてしまう。また、黒色画用紙では厚すぎる。

ポイントは、

①大きく
②足は「く」の字のように膝を曲げる

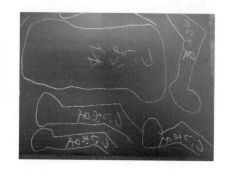

である。描けたら「てらだ　足」などの
ように、自分の名前とどの部分かがわか
るように鉛筆で書いておく。

第6幕　はさみで切って貼る

　はさみでパーツを切る。たてがみは
まっすぐに切らないようにギザギザに。
　その後に次のように言う。

　　鉛筆で書いた名前が見えないよう
　裏にして置きます。足や胴体、頭を
　いろいろ動かしてみて、一番いいと
　ころで貼ります。

(どう貼ればいいか、いろいろ試してみる)

　場所が決まったらのりで貼る。

第7幕　子ライオンを描く・塗る

　コピー用紙だと

①好きなところに切り貼りできる
②たとえ失敗してもやり直せる

という利点がある。
　A4サイズのコピー用紙にいろいろな向きの子ライオンをペンで描く。
　描き方は第1幕と同じで、たてがみは無し。描けたらクレパスの黄土色・茶
色・こげ茶色を使って塗る。もちろん綿棒クルクルも忘れずに。

第8幕　しっぽ・爪を描く・子ライオンを切る

　親ライオンのしっぽと爪をネームペンで描く。

　しっぽは少し曲げて。

　描けたら、子ライオン
をはさみで切る。なくさ
ないよう裏に鉛筆で名前
を書いておくと便利。

しっぽ

爪

第9幕　背景を描く

　太陽を描く。蛍光イエロー、蛍光オレンジ、
蛍光レッドの絵の具を使う。

　中心部分からレッド→オレンジ→イエローと
変化させる。逆のイエローからでも美しい。

　次に背景だが、酒井先生はセミナーで

「暗示的に」描かせる

と述べられた。今まではリンゴの木を描こう、とか、○○の場所を描こう、など
具体的だったが、「これは草原かな？　どこだろう？」「これは海みたいだけ
ど、何だろう？」というように暗示的に描くのである。暗示的って難しいと思う
かもしれないが、線を数本描いたり、○を幾重にも重ねたりして描くと描きやす
い。また、具体的に描くわけではないので、どのようになっても失敗がないとこ
ろがよいところである。

緑・黄緑・黄土色の3色で線を引
くだけで草原のような感じになる。

藍色・青・赤を使って波紋のような
○を重ねると、浅い池のような感じ
になる。

第10幕　仕上げ

子ライオンをのりで貼り、空にカモメなどをペンで描いて出来上がり。

こわいようだが、本当はやさしいお父さん。何と言っているのかな。

やさしいお父さんとかわいい5匹の子どもがいいね。

このお父さんライオンは一番元気ですね。後ろ足まで上げています。

（2年生作品）

お父さんと子どもたち、本当に話し合っているようですね。

このライオンの親子はもうすぐお母さんと会えそうですね。

酒井臣吾先生の「ここいいね！」③　吹き出しは酒井先生のコメントです

酒井式の総決算！　絵画展におすすめ

うみのがくたい

（2年生以上）

酒井先生曰く、「酒井式海のシナリオの総決算」であるこのシナリオ。参観日に保護者がわが子の絵にビックリする。打率10割の総決算シナリオをぜひ。

このシナリオで体験・獲得させたい造形力
クジラの描き方・にじみ技法・人物の描き方

準備物
画用紙（4つ切り）・黒の上質紙（A4厚口）・コピー用紙（B4）・絵の具・刷毛・鉛筆・ネームペン・クレパス・黒ペン・ポスターカラー・綿棒・はさみ・のり

指導計画（10時間）

第1幕　お話・クジラの描き方
第2幕　空を塗る
第3幕　海を塗る
第4幕　クジラを描く
第5幕　黒船を描く
第6幕　人物を描く（練習）
第7幕　人物を描く
第8幕　魚を描く
第9幕　魚を完成させる
第10幕　仕上げ

（2年生作品）

第１幕　お話・クジラの描き方

　うみのがくたい（おおつかゆうぞう）の絵本の読み聞かせ。CD付きのものも
売っている。CDに入っている音を聞かせて想像を広げるのもおすすめ。

　読み聞かせの後、見本を見せる。

> 　きれいな音楽にうっとりと聞きほれるクジラや魚たちの場面を描きます。
> 　今日はクジラを描く練習をします。

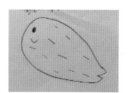

こう言ってB４コピー用紙を配付。
　４つに折らせ①②③④と番号をつける。
　①にクジラを自由に好きなように描かせる。
　すると、「これ……、何？」というような代物が。
　子どもたちは「こんなの変だ」「クジラじゃない」
と言っていた。

> 　大丈夫です。寺田マジックです。この１時間で、みんなはクジラを描くのが
> プロになるよ。

こう言って、②にクジラを描かせる。

ゆるやかな滑り台
を描きます。

次に、お皿。

尾びれ

間にもう1つ、ゆるやかな滑り台を描きます。

口・ひれを描きます。

目・縞模様を描いて、出来上がり！

同様に、③は反対向きのクジラ。
④は正面向きのクジラを描く。
④は両目を入れる。

　　①と他を比べてみましょう。

と言うと、
「うわーー、①ってすごく変‼」と子どもたち。
「先生、ぼく、クジラの描き方がわかったよ‼」と興奮気味で言ってきたのはDくん。
　この子はさっそく自由帳にクジラを描きまくり、家でも母親に「ぼくの描いたクジラ。上手でしょう」と嬉しそうに報告したそうだ。完成後のこの子の感想がこちら。

（自由帳に描きまくる子どもたち）

「ぼくはこのえは、せかい（で）一ばんきれいだとおもいます」

　自分の絵が世界一だと自分で感じるぐらい「描けるようになった喜び」は大きいのだ。これは、自由に好きに思いのままに描きなさい、という指導では決して得られない。

第2幕　空を塗る

ポスターカラーで空を塗る。

①ピンクっぽい空（蛍光ピンク・モーブ）
②黄色っぽい空（蛍光イエロー・ちょっぴり蛍光グリーン・蛍光オレンジ）
③オレンジっぽい空（蛍光オレンジ・蛍光イエロー・蛍光バーミリオン）

子どもたちに見本の空を見せて、どの空がいいか聞く。色は教師がパレットに配付する。

子どもたちを前に集めて実演する。

　刷毛を水入れにチャポンとつけてパレットの大きな部屋に入れます。1回・2回……、全部で5回ね。そこに蛍光ピンクを全部溶かします。これでピンクのジュースができたね。

同じように紫（モーブ）のジュースも作る。

それぞれの部屋にだぶだぶジュースを作ってから一気に刷毛で塗る。

立って作業するほうがやりやすい。

海の部分にも光が反射するところに少し色を入れる。

第3幕　海を塗る

（ポスターカラーは教師がパレットに配付）

①ピンクの空の子→青・モーブ（ポスターカラーの紫）と、ウルトラマリンディープ（ポスターカラー）。
②③黄色・オレンジの空の子→緑・セルリアンブルー・蛍光イエロー（ポスターカラー）

第2時と同じようにして、だぶだぶジュースを作る。

光になるべくかぶらないように……、端から端までサーーっ。こっちもサーーっ。

はみ出すようにね。何回もこすらないよ。

できたら動かさないように乾燥棚に入れます。

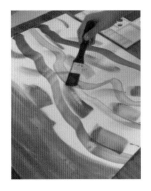

一番気をつけることは、

刷毛で何度もこすると、消しゴムのカスのようなものが紙から出てくる

ことである。

子どもたちは何も言わないと同じところを何度も刷毛でこすってしまう。これは絶対に避けなければいけない。

第4幕　クジラを描く

本番の黒の上質紙（厚口）に描く。今回、クジラを描くのは1日で行わず、3日に分けた。

1日目。黒の上質紙にクジラを鉛筆で描く。第1幕の「だれでも描けるクジラの描き方」で行う。これは前にやっていたのですぐにできた。10分で終了。

2日目。絵の具の白だけをパレットに出す。

水は少なめで、クジラのおなかの白い部分を塗る。こってりと塗る感じである。

120

　３日目。乾いた白部分にネームペンで線を入れる。口はポスカの赤。歯・目をポスカの白で入れる。できたらはさみで切る。

第5幕　黒船を描く

　鉛筆で黒船をＡ４の黒の上質紙（厚口）に描く。はさみで切り取り、裏を向けてポスカで模様を描く。はるみさんなら「はるみ号」、えいとくんなら「えいと号」などと船に名前をつける。

　模様を描きすぎると黒船とはいえなくなるので注意。

第6幕　人物を描く（練習）

　コピー用紙に鉛筆酒井式の人物の描き方で頭→胴体→手・足→つなげる、の順に描く。

　目や鼻は描かず顔は塗りつぶすので描きやすい。基本の人間にシルクハットと棒を持たせると指揮者になる。

　ラッパを持たせたりトライアングルを持たせたりと、工夫させる。

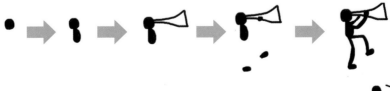

　基本の人間に△を持たせるとトライアングル奏者になる。

太鼓も同じ。

いろいろな動きを練習したら、別のコピー用紙に船を描いて人物を描いてみる。このように1時間練習してから本番の紙に描くとよい。

第7幕　人物を描く

まず、船とクジラを貼る。ただし船は水平線の辺りに置くこと(空に浮いたり、水の中に沈んだりしないように)。それから黒ペンで演奏をしている人を描く。前時にやっているのでスイスイ描ける。(ペンのインクがかすれないように、学級費などで新品のネームペンを購入して使わせるとよい。)

第8幕　魚を描く

中くらいの魚など、つまりエイとかカジキとかウミガメなどは、コピー用紙にペンで描いてクレパスで塗り、切り取る(裏に鉛筆で記名しておく)。

第9幕　魚を完成させる

　小さい魚とタコ・イカは切り貼りせずに直接ペンで描き込む。小さい魚は、

> ・リズムができるように船に向かって
> ・ちょっとだけ重ねる

ように描く。

　ここまでくると、子どもたちも完成が楽しみになってくる。
　帰る時に「これ、いいね」「こっちのも、うまい」などと喜んで見ていた。

第10幕　仕上げ

　タコはポスターカラーの蛍光レッド＋白で塗る。
　最後の仕上げはポスカ。小さな魚、イカ、楽器、旗……。もろもろの小道具は全てポスカで塗らせる。このチマチマした小さいものを絵の具で塗らせるのは2年生には難しい。ポスカで塗って大正解。
　酒井先生からコメントをいただいた。

> 　これは歴史に残る作品になりそうですね。鍛えられた2年生は昔から凄いことをやってのけます。
> 　昔の村上小学校のレベルをこれで超えられました。
> 　嬉しいです。

これは、きっと静かでおごそかな音楽でしょうね。魚たち、お行儀よく聞いていますね。

魚たち、あんまり楽しくて踊ったり歌ったり。元気のいい絵ですね。

右と左の音楽が違うのでしょうか。魚たち「どっちを聞こうかな」と言っているみたいですね。

（2年生作品）

124

一瞬で変わる！ 楽しい！
おもしろ変身カード
（全学年）

　一瞬でガラリと変わる変身カードを作ろう。例えば……、下記のマジシャンは紙を引っ張ると一瞬で消える。子どもたちは大喜びでいろんな人に見せに行く。また、このシナリオを通して酒井式マンガも活用できる。

> ## このシナリオで体験・獲得させたい造形力
> カードの作り方・マンガの簡単な技法（効果線・吹き出しなど）

準備物
　画用紙（8つ切り・厚口）1枚・画用紙（8つ切り・厚口を縦に4分の1）に切ったもの2枚・はさみ・ペン（裏写りしないものがよい）・色鉛筆・コピー用紙にアイデアカードを印刷したもの

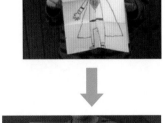

指導計画（4時間）
　第1幕　変身の下描きを描く
　第2幕　カードの仕組みを作る
　第3幕　カードに描く
　第4幕　GIGA端末で録画・発表会

第1幕　変身の下描きを描く
　見本を見せる。

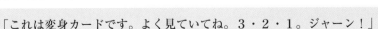

「これは変身カードです。よく見ていてね。3・2・1。ジャーン！」

一瞬で変わることに子どもたちはびっくり。

C：わースゴイ！

C：おもしろい。

今日はこんな変身カードを作ります。

でもいきなりだと困るので、まずアイデアを考えます。

Ａ４のコピー用紙を配付（右のように、開く前→
開く後という図を印刷しておく）。

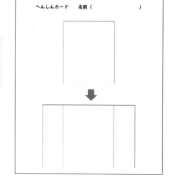

何から何に変身したかを考えます。

例えば、箱を開くとビックリ箱！　のように。

いくつか案を考えさせる。その中で一番いいものを１つ選ばせる。

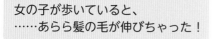

女の子が歩いていると、
……あらら髪の毛が伸びちゃった！

魔法をかけましょう。それっ。
わあ、きれいな虹だ！

子どもたちのアイデアはスゴイ！　驚いて褒め続けよう。

　しかし、どうしてもアイデアが浮かばない子もいる。そんなときは酒井式マンガがおすすめ。

> 　鉛筆があります。鉛筆を踊らせてみましょう。
> どうすれば踊っているようになりますか？

Ｃ：グネグネって曲がればいい。

そうですね。グネグネにしてみました。

鉛筆の先を曲げてもいいね。

顔・手・足をつけたり効果線を入れると、もっと踊っているようになるね。

　つまり、これがそのまま変身カードのアイデアに使えるのである。

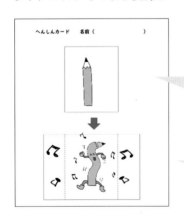

おーい、鉛筆くーん。あしたは遠足だよ！

イエーイ！
やったあ♪

　躍らせるものは大根・人参・きゅうりなど自由に選ぶ。

ロイロノートのお絵描き機能を使って、アイデアを描くのもよい。

2枚をつないで提出すると、一瞬で切り替わるカードのアイデアがいくらでも描ける。

第2幕　カードの仕組みを作る

①8つ切りの画用紙を用意。半分に折る。

②それぞれ端を山折りにして、4分の1の大きさにする。

③折った部分を元に戻す。
　その線まで、はさみで3本切り込み（右図の赤い線）を入れる。

④開く。

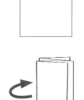

⑤8つ切りの4分の1に切った画用紙2枚をこの切り込みに互い違いに入れる（水色で表示した部分）。

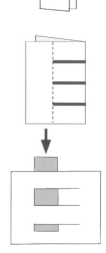

以上で仕組み部分は完成。

右の状態が「パッと開いたとき」の状態になる。

それを今度は真ん中を山折り、両端を谷折りにする。

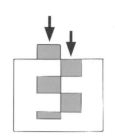

すると、山部分を「開く」ことができるので開く。その状態が「変身前」の状態である。後ろの紙を引っ張ると一瞬で⑤の形になる、というわけだ。

ここは、子どもたちに教える前に必ず自分自身で作ってみることが大事。

第３幕　カードに描く

　まず、何も描かずに、「３・２・１、ジャーン！」という動きを何度かやってみましょう。

動きが自分でできるように何度か練習する。

「３・２・１、ジャーン！」ができるようになったら、開く前の状態にします。

ここでチェック。これだけ確認しても、「開いた状態」の子や、「裏向き（手で持つ側）」の子が必ずいる。ここに絵を描いても成功しない。

開く前の状態になっているかどうか必ず確認してから絵を描くこと。

　前に考えたアイデアをペンで描きます。

描けたら、後ろの紙を引っ張って「開いた状態」にして、そこに変身後の絵を描く。

描くのは、裏写りしないペンがよい。

低学年ならクレパスや色鉛筆で、高学年なら絵の具で塗ってもよい。学年の実

態に合わせて指導する。

おもしろいアイデアがいっぱい。完成作品を紹介する（2年生）。

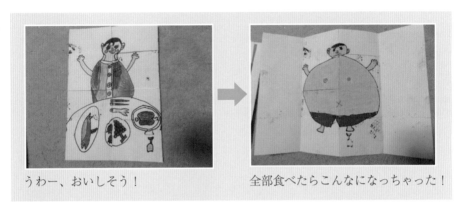

うわー、おいしそう！　　　　　　　全部食べたらこんなになっちゃった！

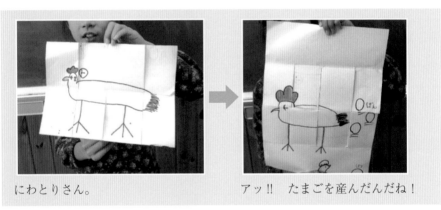

にわとりさん。　　　　　　　　　　アッ‼　たまごを産んだんだね！

このように縦向きに開いても楽しい。

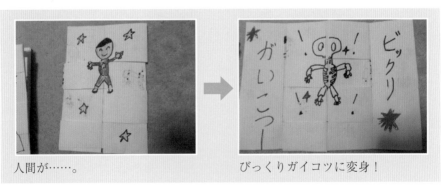

人間が……。　　　　　　　　　　びっくりガイコツに変身！

ヒューン「ん？　何だ？」　　　　ドーン!!　「わあ、花火だ！」

酒井式マンガを使ったカードもすごく楽しい。

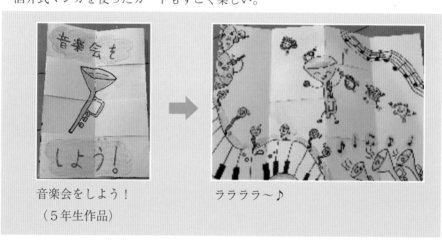

音楽会をしよう！　　　　　ララララ～♪
（５年生作品）

第４幕　　GIGA端末で録画・発表会

　変身カードができたらGIGA端末の録画
機能を使って録画する。低学年でも簡単に
動画が撮影できる。ロイロノートの提出箱
に提出し、後でみんなで鑑賞。このような
図工のGIGA端末の活用方法もある。

日本の伝統文化を描こう

百人一首カード 歌人バージョン

（2年生以上）

　百人一首は千年も続く日本の大切な伝統文化である。自分のお気に入りの句でカードを作ろう。3種類紹介するので学年の実態に応じて選んでもらいたい。

> ## このシナリオで体験・獲得させたい造形力
> 歌人の描き方・クレパスの彩色

準備物

　コピー用紙（B5を2枚）・A4サイズの色画用
紙（えんじ色や濃紺、深緑など濃い色）・クレパ
ス・鉛筆・ネームペン・綿棒・のり

指導計画（2時間）

　第1幕　歌人を描く
　第2幕　百人一首を書く・仕上げ

第1幕　歌人を描く

　百人一首に出てくる歌人を描く。

　P.173のお雛様・お内裏様の描き方で、
コピー用紙にまず練習してみる。練習な
ので鉛筆で描く。

　その後、女性か男性かを選んで本番の
コピー用紙にネームペンで描く。

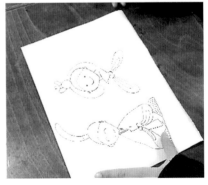

　歌人をあまり大きく描きすぎると文字が書け
なくなってしまうので注意。
「だいたい、みんなのグーぐらいだよ」と言う。

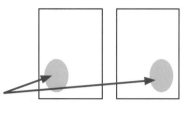

この辺りに歌人を入れる

　歌人の下に敷いている台座も描く。
できたらクレパスで彩色。
　これも、P.174と全く同じなので、
そちらを参照していただきたい。
　ほっぺは「こすってスリスリ」。

第2幕　百人一首を書く・仕上げ

　自分のお気に入りの句をペンで書く。高学年なら筆ペンで書くのもよい。必ず
五七五七七になるように。男性の絵なのに女性の句というように、絵と句が一致
していなくてもよいので、自分の一番好きな句を入れよう。
　紅葉やイチョウなどを入れると、おしゃれになる。
　えんじ色や濃紺など濃い色の色画用紙に貼って完成。

（2年生作品）

（どれもいいね！ 酒井式は打率10割、全員合格となる）

百人一首カード こすり出しバージョン

（全学年）

準備物

　コピー用紙（Ｂ５を１枚）・Ａ４サイズの色画用紙（えんじ色や濃紺、深緑など濃い色）・クレパス・鉛筆・ネームペン・赤ペン・はさみ・のり・１辺が約10cmに切った画用紙１枚

　P.62のように画用紙に○やお花など好きな形を描いて切り、クレパスのこすり出しをする。

　外にはみ出したり、重なり合うようにするときれい。

　最後に好きな句を書き、台紙に貼って完成。これは歌人バージョンよりもさらに簡単で1時間で完成する。

（4年生作品）

　歌人バージョンとこすり出しバージョンを合わせるのもよい。

　下の写真は歌人も描いているが、そのバックにこすり出しを持ってきたものである。これも楽しい。

百人一首カード 紅葉バージョン
（２年生以上）

準備物

　黒画用紙（８つ切りの半分）・Ａ４コピー用紙１枚・クレパス・鉛筆・ネームペン・はさみ・のり・１辺が約10cmに切った画用紙１枚・ポスターカラー

　コピー用紙にネームペンで葉っぱの形をいくつか描く。赤・オレンジ・黄色のクレパスで彩色。色の変化が出るように塗る。塗ったら綿棒でクルクルこする。ただし、イチョウだけは黄色と黄緑のクレパスで塗る。

　はさみで切り、少し重なるように貼る。文字は白のポスカで書く。赤のポスカで落款を書いて完成。黒のバックに紅葉が映えてとても美しい。

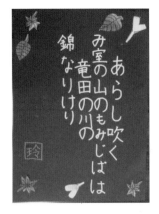

（６年生作品）

136

かわいいアルパカ

（1・2年生）

　このシナリオのテーマはズバリ「かわいさ」である。子どもの作ったアルパカのかわいさといったら‼　大人には作れない、かわいいアルパカ。指先の訓練にもなり低学年にぴったり。ぜひやってみてほしい。

このシナリオで体験・獲得させたい造形力
紙をちぎって貼る・のりの使い方

準備物
　色画用紙（4つ切り…水色・青・群青など青系のもの、黄緑・緑など緑系のもの）・クレパス・中厚口のカラーコピー用紙（白・薄クリーム・薄い黄色・薄いピンク色）・普通のコピー用紙（B4）・鉛筆・はさみ・のり・綿棒・更紙

指導計画（7時間）
　第1幕　お話・ちぎる練習
　第2幕　ラフスケッチをする・草を貼る
　第3幕　1頭目をちぎる
　第4幕　1頭目を貼る
　第5幕　2頭目をちぎる・貼る
　第6幕　顔・爪を描く
　第7幕　仕上げ

（2年生作品）

第1幕　お話・ちぎる練習

　いきなり、「アルパカを描きましょう」というのはおかしい。絵には「主語づくりが必要だ。ウサギを抱っこしたよとか、えさをやったよ、遠足で行った動物園で見たよ等の「ぼくがどうかかわったか」である。しかし私が実践したときは子どもたちとアルパカの接点は何もなかった。

　そういうときは、お話に限る。お話は主語づくりに欠かせない超便利アイテムだからである。そこで急遽お話を考えた。短くてもよい、即興で作ったお話でもよい、低学年にはぜひお話をしてあげてほしい。

　目を閉じさせてお話をする。

　　ここは広い広い草原です。どこまでも緑の野原が広がっているのでした。
　　（緑のきれいな野原が頭に浮かんだ人？　そう、いいね。）
　　あちこちにきれいなお花も咲いていてチョウチョも飛んでいました。
　　そこへアルパカのアルパッカくんがやってきました。アルパッカくんはとてもふわふわの毛をもつアルパカです。
　　アルパッカくんが歩いていると、ちっちゃい女の子のアルピッピちゃんがやってきました。
　　「ねえねえ、アルパッカくん、一緒に遊ぼう！」
　　「うんいいよ。じゃあ、おにごっこしよう」
　　「よーい、ドン！　まてえ〜」
　　2頭が遊んでいると、向こうからアルプップくんもやってきました。
　　「おーい、ぼくもいれてよ〜〜」
　　そして3匹で遊びました。お花はきれいだし、チョウチョも一緒に遊んでいるみたいでした。
　　そのうち、アルプップくんは、お昼寝を始めました。
　　アルピッピちゃんは、ママに会いたくなりました。アルピッピちゃんは、まだ小さくて甘えん坊なのです。アルピッピちゃんは走ってママのところに行きました。
　　「ねえ、ママー。抱っこして〜」
　　「なあに。甘えん坊ね」

アルパカの抱っこというのは、人間とは違って背中に乗せることなのです。
（アルピッピちゃんもみんなみたいにママに甘えているね。）
空は青空、風がそよそよ。気持ちいいある日の午後なのでした。

見本を見せる。

これがアルパッカくんね。アルプップくんとおにごっこしているところ。
これはアルピッピちゃん。背中に乗ってママに甘えているね。
このお昼寝しているのは誰？　そう、アルプップくんだったね。
これは雪が降った雪バージョンだよ。みんなはどの場面がいいですか？

お昼寝、ママに甘える、お散歩の場面など……、やりたいものに手を挙げさせ
る。

今日は、ちぎる練習をします。

コピー用紙に右の「ちぎり練習プリント」を印刷。
（ちぎる練習だから足も、長いままにしておく）

①まず、大まかにはさみでパーツを切る。
②紙をくしゃくしゃにする。
③両手でつかみ、左手は紙を押さえておき、右手を向こうから手前にちぎる。
④左手を少し下にずらす。そしてまた右手を向こうからこちらにちぎる。③④
　の繰り返し。
⑤更紙に貼る。

今日は練習だから、いくら失敗してもいいですよ。

と声掛けをする。手先が不器用な子は「ちぎる」ということがとても難しい。特に③④を一緒にやりながら褒めて褒めて「ちぎる」ことをマスターさせる。

子どもたちは

C：これはアルプップくんにしよう

C：わたしはアルピッピちゃんにしよう！

などと言いながらちぎる。

ただのアルパカをちぎる、というのと「アルプップくんをちぎる」というのでは違う。やはり主語が必要だ。

ちぎったら更紙に貼る。上手にちぎれたことを大いに褒めよう。

第2幕　ラフスケッチをする・草原を貼る

まず、空の色を決める。4つ切り色画用紙（青・水色など青系のもの3〜4種類）から1つ選ぶ。

雪の場面にする子は群青の色画用紙にする。

次に、草原の色（緑や黄緑など緑系のもの3〜4種類）から1つ選び、下の方に貼る。

この作業はすぐにできるので、残りの時間を使ってコピー用紙に鉛筆でラフスケッチをする。

どのような構図にするのか。

ママにアルピッピちゃんが甘えているところなのか、アルパッカくんとアルプップくんがおにごっこで遊んでいるところなのか、お花畑でお花のにおいをいいにおいねって言っているところなのか、などなど。

簡単に描いておくことで実際に貼る時にスムーズに貼ることができる。

第3幕　1頭目をちぎる

ここで一つ、考えてみてほしい。あなたならどちらにするだろうか？

> (1) 頭・足・胴体などのパーツを全部ちぎってから、別の時間に貼る。
>
> (2) 頭・足・胴体などのパーツをちぎって、その場で貼る。

細かいところだが重要である。

大人だったら絶対に(2)だ。しかし、「ちぎって」「構成を考えて」「貼る」ということを子どもがいきなり同時にするのは難しい。

しかも、この実践の時の相手は2年生。

すぐに

「先生、ぼくの足が1本ありません」

「先生、ゴミと間違えて捨ててしまいました」

など、テンヤワンヤすることが目に見えている。だから(1)にして、この時間は「ちぎる」ことに集中したほうがよい。

まず、カラーコピー用紙（中厚口がおすすめ）を配付。

薄ピンク・薄クリーム・薄レモン・白から1色選ぶ。

鉛筆でアルパカを描く。

顔の○、耳、胴体、首、足、しっぽ、の順で。

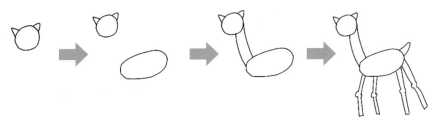

膝のところは少し膨らませるのがポイント。

鉛筆で「頭　寺田」「首　寺田」「からだ　寺田」などと、パーツ名と自分の名前を薄く書く。

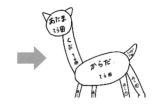

141

ハサミで大まかに切る。

紙をくしゃくしゃにする。

パーツをちぎる。

ちぎったら、その場で名前を書いたB5サイズの封筒に入れていく。こうすることで「これは誰のもの？」「ゴミと間違えちゃったよ」ということを防げる。このように、この時間は「ちぎる」ということに専念させる。

第4幕　1頭目を貼る

貼るときのポイントは3つ。

①必ず、別の台紙の上でのりをつけること
②名前を書いている面にのりをつけること
③胴体だけ端ではなく真ん中にのりをつけること

特に②は、言っていても間違う子がいる。出来上がりは反対面になることを必ず言っておく。

③は裏ワザである。足パーツを胴体パーツの下に入れるために、胴体だけは真ん中にのりをつけてペロッと端がはがれるようにして、そこに足パーツを入れるときれいに仕上がる。その後、胴体パーツの端にのりづけして胴体全体を貼る。

足を交差したり、膝から傾けたりして貼っている子を褒める。

第5幕　2頭目をちぎる・貼る

2頭目からは、
「①紙をちぎって、②のりで貼る」
を別々ではなく一気にする。1頭目は①②をスモールステップで行い、やり方がわかったからである。

やり方がわかるので自分でどんどん進めることができる。

早い子は、3頭目を貼ってもよい。

第6幕　顔・爪を描く

クレパスの薄だいだいで顔の鼻部分を塗りつぶします。そして綿棒でクルクルをします。

目と口を黒のクレパスで描いて、ほっぺと耳は赤のクレパスで「こすってスリスリ」をします。ほら、かわいくなったね。

　目を入れることで一気に絵が生き生きとしてくる。「かわいい」を連発して褒めよう。
　膝の部分にも薄だいだいを塗り、足の先にこげ茶で爪を描く。

第7幕　仕上げ

　ここからは酒井式の自由に手を離す場面。草、花、チョウチョ、鳥、雲やお家など、自由に描かせる。
　雲は白いクレパスを半分に折って寝かせてクルクルと描く。

お母さんと2匹の子どもたち、春の野原でとっても嬉しそうに描けました。

「お星さまが出
てきたから早く
帰りましょう」
と言っているの
ですね。

首をのばしたア
ルパカ、首を下
げたアルパカ。
どちらもすばら
しいです。

うれしいことが
あったのでしょ
うね。ピョンピョ
ン跳ねて喜んで
いる様子が描け
ました。

（2年生作品）

144

日本の伝統的な模様を知ろう

伝統的模様でゼンタングル

（2年生以上）

　ゼンタングルとは、簡単な模様（タングル）をつなげて描いていく一種のアートの技法である。集中して取り組み、いわゆる「禅」のような境地になることができるためゼンタングルと呼ばれている。この実践は日本の伝統文化を学ぶ一環として、伝統的模様をゼンタングルに取り入れたものである。

このシナリオで体験・獲得させたい造形力
日本の伝統的な模様の描き方

準備物
　色画用紙（薄ピンク・水色・薄黄色・黄緑など8つ切りの半分の大きさ）1枚・ネームペン（マッキーの細・極細タイプ）・台紙用の黒コピー用紙・練習用のコピー用紙・のり

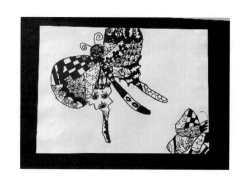

指導計画（全4時間）
　　第1幕　日本の伝統的模様を描く・ゼンタングルの練習
　　第2幕　葉っぱゼンタングルを描く
　　第3幕　昆虫ゼンタングルを描く（2時間）

第1幕　日本の伝統的模様を描く・ゼンタングルの練習
　次の模様を見せる。子どもたちは一気に大興奮。
　人気アニメのキャラクターが着ている衣装の模様だからである。

テンポよく、次、次、と見せる。「これも知ってる！」「これも！」

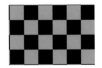

　実は、これらは日本に昔から伝わる伝統的な模様なのです。

　約300年前、佐野市松という歌舞伎役者さんがこの模様の着物
を着ていたので「市松模様」と呼ばれるようになりました。

　市松模様には永遠や発展、勝つ、などの良い意味があります。東京オリン
ピックのエンブレムにも日本の伝統的な模様である市松模様が選ばれました。

　これは、麻の葉模様といいます。ここでクイズです。この模様はどんな人が
身に着けていたでしょう。　①赤ちゃん（の着物（産着））
　　　　　　　　　　　　②身分の高いお姫様（の着物）
　　　　　　　　　　　　③お年寄り（の着物）

手を挙げさせる。

　正解は…、①です。麻は４か月ほどで４ｍほどに成長し、ぐんぐん育つ植物
です。麻のように健康にぐんぐん育ってほしいという願いを込めて赤ちゃんの
着物にこの模様が使われました。魔除けの意味もあります。

　これは鱗文（うろこもん）といいます。
　これも、魔除けとか厄除けの意味があります。

他にも、青海波（せいがいは）、唐草（からくさ）、
矢絣（やがすり）模様などを見せる。

これらの伝統的な模様を描いてみましょう。

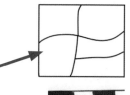

　B5のコピー用紙に1辺約10cmの正方形を描いて適当に5つぐらいに区切ったものを印刷しておき配付。ペンのインクが下の机に写ってしまうので台紙用の裏紙も配付。

　鱗文は簡単です。三角をたくさん描けばいいね。同じように市松模様も簡単です。縦線と横線を引いて、交互になるように塗ればいいよね。

　次は青海波です。半分の円を描いてから三重にするといいね。

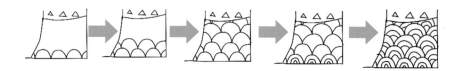

　麻の葉模様は難しそうですね。でも順番に描くと必ず描けます。

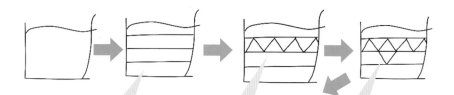

横線を引きます。

三角を描きます。

上の△と向かい合うように△を描きます。

次々と向かい合うように△を描きます。

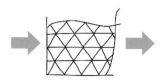

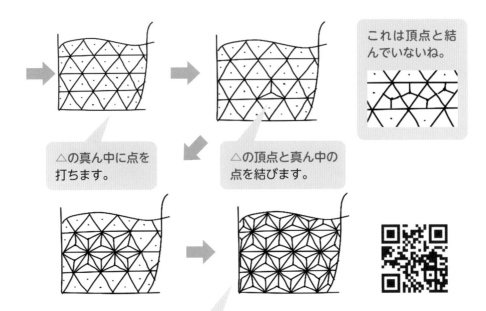

これは頂点と結んでいないね。

△の真ん中に点を打ちます。

△の頂点と真ん中の点を結びます。

同じ作業を繰り返していくうちに……、麻の葉模様が出来上がり！

クルクルをいろいろな向きに描くと……、唐草模様になるね。

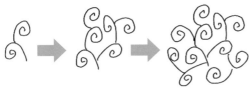

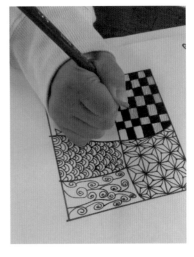

　第1幕は「ゼンタングルの体験」つまり練習である。失敗したらまたやり直せばよい。
　麻の葉模様が描けるようになった子たちは大喜びで自由帳などにドンドン描きだす。

第2幕　葉っぱゼンタングルを描く

　高学年だと第2幕なしで、いきなり第3幕を行ってもよい。子どもの実態に合わせていただきたい。私が2年生で行った時は、ワンクッションとして「葉っぱゼンタングル」を入れた。

　クリーム色の上質紙を配付。

　葉っぱゼンタングルをします。まず、葉っぱを大きく描きます。少し斜めにはみ出るように描くといいね。

　葉脈を少し黒で太くしてから、空いたスペースに模様を描き込んでいく。

　模様はマッキーの極細で描く。これも練習のつもりだが、黒の台紙をつけると立派な作品になる。

第3幕　昆虫ゼンタングルを描く（2時間）

　ピンク・水色・黄緑・黄色の色画用紙（16切り）から1色選んで、トンボか
チョウのどちらか好きなほうを描く。

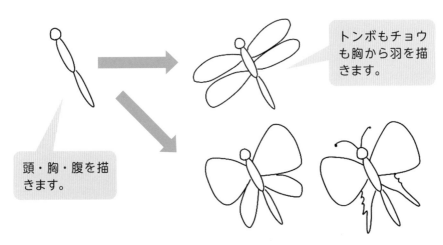

トンボもチョウも胸から羽を描きます。

頭・胸・腹を描きます。

ポイントは

①まっすぐ描かない（少し斜めに描く）
②一部でよいので、紙の外にはみ出すように

　次の2つを見せるとわかりやすい。

（まっすぐ）

（斜め・少しはみ出している）

どちらがカッコよく感じますか？

　子どもたちは右がいいと言う。少しでよいので斜め
に、そしてはみ出すように描く。ちなみに右のトンボ
の紙を逆さまにすると、さらにカッコよく見える。

　描けたらトンボやチョウの中を区切り、模様を描いていく。マッキーの極細が
おすすめ。(ペンがかすれたらすぐに交換できるように新品を用意しておく。)
　ポイントは

①真っ黒の部分をどこかに入れる
②自分だけのオリジナルの模様を入れてもよい

である。子どもたちはシーンとなり集中する。

（3年生作品）

今、スチレン版画がおすすめ！

屋根の上の白い猫

（1・2年生）

　低学年でよくあるのは「紙版画」。しかし、のりがはがれるなど、細かい作業がかなり大変。それに比べて「スチレン版画」は簡単できれい！

　1年生でもできる！

「屋根の上の白い猫」のシナリオをスチレン版画で取り組もう！

このシナリオで体験・獲得させたい造形力

猫の描き方・スチレン版のへこませ方・絵の具の水加減・絵の具の彩色

準備物

　スチレン版（B4とA4の間ぐらいの大きさ）・絵の具・黒ペン・更紙（スチレン版と同じ大きさに切る）・コピー用紙（B4）・鉛筆

指導計画（7時間）

第1幕　お話・猫の練習・下描きを描く
第2幕　下描き描く
第3幕　下描きをスチレン版に写す
第4幕　白部分を刷る
第5幕　ピンクと黄色部分を刷る
第6幕　青と緑部分を刷る
第7幕　仕上げ・黒マジック

低学年でのスチレン版画を実施するには、どのように指導すればよいか？

低学年ならではの指導の方針が必要だ。それは、

スチレン版画は大きく描かないとうまくいかない。細かすぎてはダメ。

そのために
①猫は1匹か2匹に絞る。
②屋根はビルにするか、三角屋根の簡単バージョンで。
③夜空は塗らない。月のみ。

である。

第1幕　お話・猫の練習・下描きを描く

お話をする。

ニャン太は、白い猫です。額と胴体に少しだけ金色の毛が入っています。それはそれはとても美しい猫でした。白と金色の毛はツヤツヤと光っていて、黒い瞳はいつもぬれたように光っていました。

ニャン太は、町の白い猫のボスでした。町に住んでいる白っぽい猫たちはみんなニャン太のことが大好きでした。ニャン太はやさしくて力が強く、そして何と言っても歌がうまいからです。

ニャン太が歌うと町の猫たちはみなウットリと聞きほれてしまいます。

あの意地悪の黒猫のボスのニャン助でさえも、つい踊り出してしまうほどニャン太は楽しく歌います。その声は甘くかろやかです。

ニャン太が町を歩くと、町の猫たちはみなこう言います。「ニャン太、次の音楽会はいつ?」ニャン太は答えます。「それはお天気しだいさ。お月さまのきれいな夜になったらね」

その月の明るい夜がきました。ニャン太は町の中央の山口さんちの屋根に登ると一声「ニャオ～～～ン」と歌いました。するとどうでしょう。白と茶の二毛のニャン次郎、白と茶の縞模様のニャン子などが歌声に引き寄せられるように集まってきました。月夜の音楽会の始まりです。白猫たちは声をそろえて、歌いはじめました。(ここで教師のパフォーマンスの歌があれば、一層よい)

白猫たちが歌い始めたところを描きましょう。

(楽しい絵画教室⑧　明治図書)

154

　踊る場面ではぜひ「ニャンニャニャニャニャーン♪」と踊っていただきたい。特に１年生は大喜びしてくれる。

> 　白猫たちが歌って踊っているところを描きます。いきなり描くのは難しいので、今日はネコを描く練習をします。

　そう言って、Ｂ４のコピー用紙を配付。４つに折り①②③④とする。
①は基本形のネコを描く。

　〇を描いて、耳や目を描いて胴体。手・足・つなげる、という酒井式の基本の方法だ。
②は、胴体の向きだけを変える。
「初めに描くのは何でしたか？」
「次に書くのは何でしたか？」
と聞きながら褒めていく。

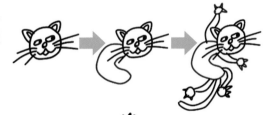

③は顔の〇を下に描き、胴体を上に描く。
　これだけで逆さまになる。

④は顔を逆さまに描く。

　子どもたちもノリノリ。この変化のある繰り返し練習が、後で生きてくる。

第2幕　下描きを描く

　更紙にスチレンに転写するための下描きをする（更紙をあらかじめスチレン版と同じ大きさに切っておく）。

　描くのは、①〜④から好きな形のネコを自分で選ぶ。ただし1匹または2匹だけ。家は三角と四角で描く（細かく描くと刷る時に大変）。

第3幕　下描きをスチレン版に写す

　更紙をスチレン版の上にセロハンテープでとめて上から鉛筆で強く描く。

　いわゆる転写である。

　そして、更紙を取りスチレン版を見ると凹がついている。浅い凹のところを鉛筆でもう一度なぞって深い凹にする。

第4幕　白部分を刷る

　いよいよスチレンに絵の具をつけていく。

　ここが一番楽しいところであり、一番難しいところでもある。

　スチレン版画のポイントは2つある。1つ目は 水加減 。

　「絶対に水は混ぜない」つもりで（どうしても筆が固まりそうなときはちょっぴり水を入れてもよい）。

　子どもたちにはこう言う。

　スチレン版画はね、水をたっぷり使うと失敗します。水は使いません。
　でも、初めみんなの筆は乾いているよね、だから初めだけ水につけて、ぞう

きんの上でチョンチョンってします。途中で、どうしても筆がカチカチになっ
てきたら、水をほんのちょっぴりだけ混ぜてもいいです。

　パレットには白のみを出させる。前で実演。

　黒い色画用紙をめくると……、「うわ〜写っている！」「はやくやりた〜い」と
子どもたち。

　この時間は白いところだけを塗る。

　低学年は混色してさらにスチレンに塗るのは難しい。だから初めてのスチレン
版画は「白のみ」でよい。

　へこんでいる部分にまで絵の具がはみ出てしまう子
もいる。想定内である。「後で直るからね。大丈夫」
と言って安心させよう。

第５幕　ピンクと黄色部分を刷る

　スチレン版画のポイント２つ目は

白を必ず混ぜる

ことである。

　パレットに赤・黄色・白を出す。白は多めにたっぷりと出す。（白がポイントに
なってくるので、ポスターカラーのチューブタイプ大（サクラ／工作ポスターカ
ラー260ml）の白を用意しておき、白が少ない子にはたっぷり入れてあげるとよ
い。）

　筆は中筆と小筆の２本。

　子どもたちを前に集めて実演。

小筆に白をドバっとつけて大きいお部屋に３つ入れます。１番目のお部屋に赤を入れると……、ピンクになるね。これで口とか耳や赤い部分を塗ります。ほら。（うわ〜〜きれい。）

　この筆は洗いません。そのまま置きます。

　次は中筆。これも黄色をつけて２番目のお部屋に混ぜると……、きれいな黄色になるね。黄色の部分を塗ります。ほら。

　最後に、１番目のお部屋で使った小筆に黄色をつけて３番目のお部屋に混ぜます。オレンジ色になったね。

　これでオレンジのところを塗ります。

　どうしてもカチカチになったら、水をほんのちょっぴりだけ混ぜてもいいです。

　口の中と耳の赤い部分が入ると「なんだか得体のしれない物体」から一気に「猫」になる。こうなったら俄然やる気が出てくる。

第６幕　青と緑部分を刷る

　夜空は「月・光のみ」を塗り、空全体は塗らずに黒いままにしておくことにする。

　パレットに、白たっぷり・黄緑・緑・青を出す。筆は小筆と中筆。

　前回と同様に３つ白のお部屋を作り、黄緑から混ぜていく。

　黄緑の部分を塗ると、そのまま筆を洗わずに緑のお部屋を作る。

そして緑の部分を塗る。

青は中筆を使用し、青のお部屋を作る。月の周りは黄緑、緑、青とグラデーションで塗っていく。

子どもたちは3回目でやり方もわかって、ずいぶん速くできるようになる。

そこで、蛍光イエローと蛍光オレンジのポスターカラーをパレットに入れてあげて早く終わった子は、窓の光・お月様を再度蛍光ポスターカラーで色づけをする。

蛍光ポスターカラーは威力抜群。

お月様の色も窓の色も、美しさが違う。

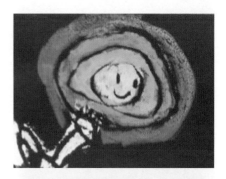

第7幕　仕上げ・黒マジック

最後の仕上げは、マジック（黒ペン）ではみ出してしまったところを塗る。消えてしまった線も描き足すことができる。

下の写真の子は「目が変になっちゃった……」と半泣きだったのだが、余分に色がついた場所をペンで塗ることにより復活した。

修正前↑
（お月様の顔、猫の目、腕や足が、絵の具がはみ出てしまっている）

黒マジックで修正したもの↑
（はみ出てしまった絵の具を黒ペンで塗る。お月様の顔や猫の目も描き込むとOK）

薄い色の色画用紙を
台紙にして完成。

猫も家もお月
様もとっても
上手! その上、
刷り方もすて
きです。

よほどうれし
いことがあっ
たんですね。
ほんとうに楽
しそうにでき
ました。

うれしくて家
より高く飛び
上がったんで
すね。お月様
もうれしそう
です。

酒井臣吾先生の「ここいいね!」⑥　吹き出しは酒井先生のコメントです

模写に挑戦！

オレ流「風神雷神」

（中・高学年）

俵屋宗達の「風神雷神」を模写する。しかし、完全な模写ではない。
「オレ流」である。酒井先生は言う。

似ていなくても全く気にしないこと。自分や、自分の好きな人を風神雷神に
するなど、自由に楽しく描くこと。

本物そっくりに模写したものよりも、どことなく愛嬌のあるオレ流の風神雷神
のほうがいい。ぜひ「オレ流」で模写しよう。

このシナリオで体験・獲得させたい造形力
模写・クレパスの彩色

準備物
画用紙（8つ切り）1枚・ネー
ムペン・クレパス・綿棒・絵の
具・ポスターカラー

3年生の作品

指導計画（4時間）
第1幕　風神を描く
第2幕　雷神を描く
第3幕　体をクレパスで塗る
第4幕　細かいところをポスカで塗る
第5幕　背景を塗る

第1幕　風神を描く

教師が描いた見本を見せる。

　　俵屋宗達さんという人が描いた「風神雷神」です。たくさんの人がこの絵を真似して描く「模写」ということをしています。先生もやってみました。

C：あっ風神雷神だ！

C：知ってる！　見たことあるよ。

C：これ寺田先生が描いたの？　すごい。

　風神雷神図を印刷し、風神のみが見えるように半分に折り、画用紙の左側に置く。そのお手本を見ながら描くのだが、一斉に「ハイどうぞ描きましょう」とはしない。「どこから描けばいいかわからない」「できない」という子が続出するからだ。ではどうするか？

酒井式の部分完成法

で行う。全体から描くのではなく、顔だけ、手足だけ、胴体だけと、部分部分を完成させていくのである。

　まずは顔から。お手本を見ながら、目→鼻→口→耳・ひげ・角・髪の毛の順で描く。

目を描いて鼻を描きます。

口を描いて歯を描きます。耳は人間とちょっと違うね。

ひげをつけます。頭に1本、角があるね。

髪の毛をなびかせると……。顔ができたね！

オレ流模写なので、お手本とそっくりそのままでなくてもかまわない。

顔の次は手首のリングを描く。

> お手本の手首リングの位置をよーく見ます。**リングだけを見るのですよ。**だいたいこの辺りかな、というところに鉛筆で薄く描きます。右手だけはリングがないので手を描きます。

リングの位置がお手本とだいたい合っているか、教師がざっと机間巡視して確認する。リングの位置がおかしいとうまくいかない。①②③④の順に描くと位置が取りやすい。

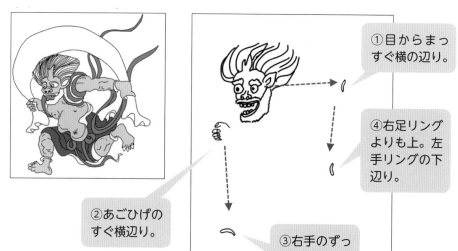

①目からまっすぐ横の辺り。

④右足リングよりも上。左手リングの下辺り。

②あごひげのすぐ横辺り。

③右手のずっと下辺り。

リングの位置が合っていたら、ペンで手足を描く。お手本を見ながら模写をする。

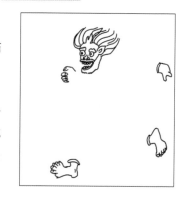

模写をする場所を限定しながら描き進めるので「どこを見たらよいのか」がよくわかり、「全部よく見て描きなさい」というのより断然子どもたちも描きやすい。

次はエビフライを描きます。リングから出ている
手と足を見てごらん。エビフライみたいでしょう？

C：本当だ！　エビフライみたい。

エビフライ、と
寺田が命名。衣
のもこもこが後
で見ると筋肉に
なっている。

くねくね胴体を描いて、風神の布を描く。

くねくね胴体だね。

　先にヒラヒラの布や腰紐を描いてから、最後に腰布を
描く。これは「必殺ごまかしの技」で、だいたいつなげ
ていくとそれらしくなる。3年生の模写、どれも違うが
どれもいい。

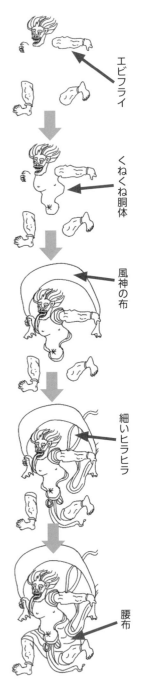

エビフライ

くねくね胴体

風神の布

細いヒラヒラ

腰布

くねくね胴体を描くときに「こんなの変〜〜」と言ってた子も出来上がって遠くから見ると「まんざらでもない」と思うはず。

そっくりじゃないけど、どれも風神に見える。

ちょっとひょうきんな顔、ぽっちゃりな風神……、いろいろある。これが「オレ流」。酒井式の部分完成法で描くとどの子も風神が描ける。

第2幕　雷神を描く

雷神も描き方は同じ。

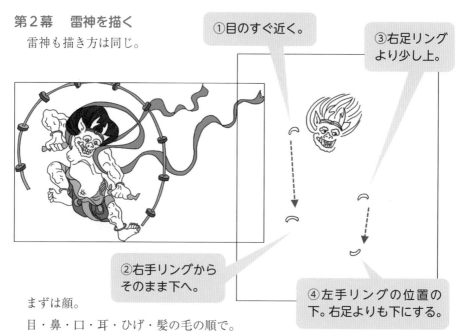

①目のすぐ近く。

③右足リングより少し上。

②右手リングからそのまま下へ。

④左手リングの位置の下。右足よりも下にする。

まずは顔。

目・鼻・口・耳・ひげ・髪の毛の順で。

次に、お手本をよく見ながら、①②③④の順にリングを描く。リングの位置がだいたい合っているか確認。

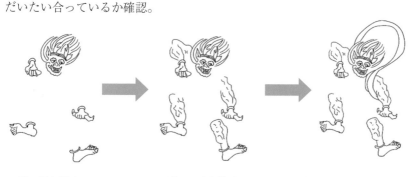

手・足を描く。　　　エビフライを描く。　　　先にこの衣を描いておく。

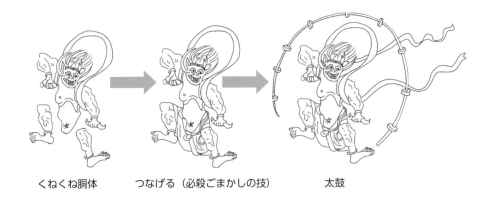

くねくね胴体 　　つなげる（必殺ごまかしの技）　　太鼓

　リングを描いた状態だけを見ると、不安になる。「これが本当にあの雷神になるのだろうか」と。しかし、エビフライを描いて、くねくね胴体を描き、必殺ごまかしの技で腰布を描く、という部分完成法でといつの間に描けているのだ。

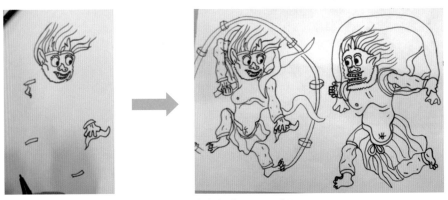

この状態だと不安だが…。　　　　出来上がるといい感じ

第3幕　体をクレパスで塗る

　肌の色はクレパスで塗る。学年により絵の具でもよいが、「全員が、きれいに塗ることができる」のは、やはりクレパスである。

緑バージョン―――緑・黄緑・黄色
赤バージョン―――赤・オレンジ・黄色
黄色バージョン――黄色・黄土色
青バージョン―――水色・青・紫
ピンクバージョン―ピンク・紫

　これらの5パターンの見本の風神雷神を見せ、どの色がいいかを選ばせる。
　1色でベタ塗りしないように、色の変化をつけて塗る。
　ここは動画を見ていただきたい。
　もちろん綿棒でクルクルも忘れずに。

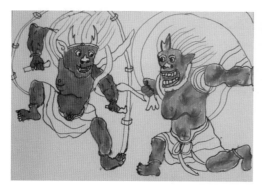

　赤・青・緑バージョンは変化が美しく出るので、おすすめである。

第4幕　細かいところをポスカで塗る

　風神雷神の腰の布や太鼓、角、ヒラヒラなどの細かい部分を塗る。

　広いところはクレパスで、細かいところはポスカで塗ります。

167

今回、15色セットのポスカを2箱購入した。

8色セットにはない茶色とか、ねずみ色とか、オレンジ色、その他いろいろな色がある。元々8色セットのポスカも何箱か教室に常備してあるので、40人の子どもたちにも十分いきわたった。

髪の毛や腰布、風神の白い布はクレパスで、細い紐などのひらひらしたものなどはポスカで塗らせる。ポスカは細かい部分を簡単かつきれいに塗ることができて、とても便利。色は自由。赤バージョンの髪の毛や緑バージョンの髪の毛など、大歓迎。オレ流なのだから。

濃紺のポスカで紐を塗ると発色がとてもきれい。

ピンクと紫の2色のポスカを使ってヒラヒラの紐を塗った子も。腰布はクレパスで塗っているがパッと見ただけではクレパスとポスカの違いはわからない。

風神の白い布は白のクレパスで塗っておく。

第5幕　背景を塗る

背景は次の2つから選ばせる。

①原作に一番近いもの→金色のバック

②古典風のもの→百人一首の絵巻物にもあるような雲を入れる。

①は、金色の絵の具で水を少なく濃いめに塗る。塗れたら、黒と金を混ぜて黒雲をグルグルと塗る。

②は、ウルトラマリンブルーで雲を塗ってから、金を塗る。

ポイントは、**金は濃くこってりと塗る**こと。薄いと金に見えない。

この子は風がびゅうびゅう吹いているところが描きたいと言って藍色・緑・白で左斜め下から右斜め上に向かって筆を入れた。こういうのもオレ流で面白い。

酒井先生からコメントをいただいた。

　３年生のオレ流「風神雷神」。

　一つの歴史ができました。

　この実践を土台にして、また次の実践が生まれてくることを待っています。続く人は誰だ！　待ってるよ！

日本の伝統文化を描こう
おひなさまをかざったよ
（2〜4年生）

日本の伝統文化である桃の節句。素敵なお雛様を飾っているぼく・わたしを描こう。（これは、酒井先生の原実践を2〜4年生でもできるように修正追試したシナリオである。）

このシナリオで体験・獲得させたい造形力
お雛様の描き方・クレパスの彩色・人物の描き方

準備物

画用紙（8つ切り）・コピー用紙・絵の具・鉛筆・ネームペン・クレパス・黒ペン・綿棒・はさみ・のり

指導計画（7時間）

第1幕　お話・お雛様の練習

第2幕　お雛様を描く

第3幕　2人目・ぼんぼりなどを描く

第4幕　屏風を描く・色を塗る

第5幕　毛氈・金屏風を塗る

第6幕　自分を描く・塗る

第7幕　仕上げ

第1幕　お話・お雛様の練習

「目を閉じましょう。お話をします」

ぼくは友達のみきちゃんの家に遊びに行きました。

「ピンポーン」。みきちゃんが出てきて言いました。

「ごめんね、今、お雛様を出しているところなの」

「そう……」

「あっ、じゃあさ、一緒にお雛様を出そうよ」

「えっ？　いいの？」

　ぼくのしょんぼりした顔を見て、みきちゃんは言ってくれました。

「やったー」

　ぼくは、本物のお雛様を飾ったりするのは初めてでドキドキしました。みきちゃんのお母さんにいろいろ教えてもらいました。

「これは、ぼんぼりっていうのよ」

「知ってる！　中に明かりがつくんだよね」

　ぼんぼりを一番上に飾りました。

　そして、お雛様とお内裏様です。

「うわあすごい……。キレイだなあ〜」

　ぼくは、お内裏様を初めて持たせてもらいました。

「そうっとね……」

　ドキドキ。

　そして一番上にそうっと置きました。

「ハイ、目を開けなさい」

「お雛様を飾っているところを絵に描きます」

見本作品をいくつか見せる。

　いきなりは難しいので、お雛様を描く練習をします。

そう言って、コピー用紙を配付。

ペンで描く。

どの子も描ける！　お雛様の描き方

○を描きま
す。
目・口・耳
を描きます。

頭をふんわり
描きます。
頭の飾りを入
れると……、
一気にお雛様
になるね。

手の○を描き
ます。
扇子・着物の
袖部分・襟を
描きます。

顔の下から袖の
先までふんわり
とつなげると、
ほら、十二単に
なったね。

袴の部分は横につなげるだけ。
模様を描いて出来上がり♪

お内裏様も描き方は同じ。

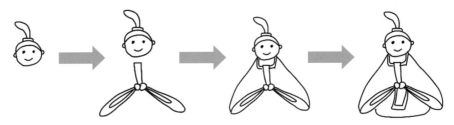

第2幕　お雛様を描く

　画用紙に鉛筆で薄く横線を入れる（真ん中
より下辺りに入れること）。これが雛壇の線
になる。そしてペンでお雛様を描く。

第3幕　2人目・ぼんぼりなどを描く

　2人目を描く。

　お雛様を自分が持って飾るところを描きたい子は、少し上に描く。浮き上がらせている感じ。

　座っている畳を描き、ひし形の模様を入れる。ぼんぼりや桃の花は自由。

　Aくんは2人目の頭を描いた時点で「先生〜〜、○が近すぎちゃった（右の←部分）。どうしよう……」と半泣きで言いに来た。確かにお内裏様の頭のすぐ横に○がある。

　Aくんを成功体験に導くにはどうするか？　私はこう言った。

「大丈夫、ここをAくんの手にしよう。ぼんぼりを描いて、ぼんぼりを持つことにしちゃおう」

　こう言うとニッコリ。

　ちなみにAくんの作品はこうなった。

　酒井式の「良しとする」「それを生かす」だ。

第4幕　屏風を描く・色を塗る

　はじめに、屏風のギザギザが細かくなりすぎた見本を描く。

「これじゃあ先生、変だよ」と子どもたち。

　「そうだね。ギザギザがたくさんすぎるとおかしいね。まず指でこんなふうにしようかな、となぞってみましょう」

　指でなぞってから描かせる。

次におひなさまを塗る。

お雛様って、お顔は何色か知っていますか？

C：白！

そのとおり。昔は白いお顔がとても美しいとされていたんだね。だから顔は塗りません。顔は画用紙の白のまま。ほっぺだけ、ほっぺはこすってスリスリ（P.14）をします。

今日は髪の毛の黒も塗りません。黒ってね、一番強い色だからね、先生が家でやってみたら、手でこすれて、ほら、汚くなったでしょう？

細かいことだが、かなり大事。

黒のクレパスで子どもたちに塗らせると、袖や手についてしまい画用紙が汚れてしまう。クレパスの黒で塗るのは一番最後にするのがよい。

着物は黒以外の好きな色で塗り、綿棒でクルクル。丁寧に塗っているのをたくさん褒める。早くできた子は、ぼんぼりや桃の花も塗る。

第5幕　毛氈・金屏風を塗る

毛氈も金屏風も塗り方のポイントは

こってりと厚めに塗る

である。

金屏風は絵の具の金色を「水少なめでこってりと」塗ります。

毛氈は朱色と黄色を混ぜて紅色で塗ります。これも、厚めに。

第6幕　自分を描く・塗る

コピー用紙に、お雛様を飾っている自分を描く。

斜めに〇を描いて、横向きに顔を描きます。

胴体を斜めに描きます。顔と一直線にならないように。

手を描いてつなげます。ぼんぼりを握っていることにするのなら、グーでいいね。

右写真のように逆さ顔でもよい。

クレパスで着色し、綿棒でクルクルのばす。

洋服の色は赤系以外なら自由（毛氈の赤と重なるため）。

第7幕　仕上げ

まず、お雛様の髪の毛の黒を塗る。絵の具でもよいのだが、わがクラスでは2年生の実践だったためクレパスで塗った。この辺りは子どもたちの実態に合わせていただきたい。

ただし、クレパスの黒一色では「きつい」黒になってしまう。

黒だけが「デーン」と目立ち過ぎてしまうのだ。そこで灰色を先に軽く塗って、その上に黒を重ね塗りし、綿棒でクルクルすると、やわらかい、やさしい黒になる。

次にバック（屏風の後ろ）を黄や黄緑、水色などを絵の具で水たっぷりにして薄く、さーっと塗る。

最後に「お雛様を飾っている自分」を貼る。ポイントは

「どのように貼ればよいか、いろいろ置いてみてから」貼る。

である。切り貼り法の良いところが、まさに「自由に切り貼りできる」という部

分である。

　例えば次の写真。人物を上のように重ねた場合、奥側の手首の部分を切って貼ると持ち上げているような感じに仕上がる。また、下のように人物を傾けて貼ると奥の手首を切り取らずにそのまま使えるし、桃の花も隠れない。

　このあたりは「思考」場面である。自由に試行錯誤させていただきたい。

　また、下の写真の子は最初、手の部分が失敗してしまったのだが、手だけを別に描いて、後で貼った。

　酒井式切り貼り法だと、このような失敗もカバーできる。

かわいいお雛様の絵が完成。

（2年生の作品）

出会いや別れの季節にぴったり！ 素敵なメッセージを送ろう
菜の花の絵手紙
（中学年以上）

　春は出会いと別れの季節。心を込めたメッセージを送る際に、ちょっと菜の花の絵とともに送ってみよう。また、「感謝」や「正直」「笑顔」など自分の好きな言葉を入れたカードにしても素敵。後ろに掲示すると「うわ〜、きれい」とみんな大満足。

> ## このシナリオで体験・獲得させたい造形力
> 菜の花の描き方・クレパスの彩色・背景の処理

準備物
　画用紙（8つ切りの4分の1サイズ）・クレパス・マッキー（極細と細タイプのもの）・綿棒・筆ペン

指導計画（4時間）
　第1幕　菜の花を描く
　第2幕　2本目を描く・言葉を入れる
　第3幕　菜の花を塗る
　第4幕　仕上げ

第1幕　菜の花を描く
「菜の花を描きましょう」と言って実物を見せても全員が描けるようにはならない。

　多くの先生は「よく見て描きましょう」と言う。

　しかし、どこから描いていいのかわからない子がやる気をなくしてしまうこともある。

では、どうするのか？

　部分を見せる

のである。

　花びらは何枚ですか？

と聞く。

C：4枚！

T：そうだね、菜の花の花びらは4枚なんだね。

　では、花の下のほうにあるこれは？

C：知ってる！　これ、種だよ。

　全体を見せるのではなくこのように、部分・部分に注目させて描かせるのである。

　画用紙は縦でも横でもかまいません。文字を書くところを空けておきます。

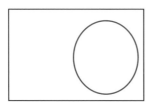

つぼみから描きます。画用紙の
上のほうにとんがりミニたまご
をいくつか描きます。

マッキーの極細で描く。

花を描きます。花びらは4枚
だったね。

180

途中でつぼみや、横向きの花も
描きます。

茎を少し伸ばします。そしてま
た花を描きます。

茎を少しずつ下に伸ばしていき
ます。真下ではなく、少し斜め
に。種、葉っぱを描きます。

　酒井式の原則は**水平・垂直を外す**である。
　少し斜めに茎を描くだけで、菜の花のしなやか
さが出る。

第2幕　2本目を描く・言葉を入れる
　1本目が描けたら2本目を描く。
　ポイントは

高さを変える
ほんの少しでいいので1本目と重ねる

である。

　描けたら筆ペン（学年の実態に応じてネームペ
ンでもよい）で自分の好きな言葉を入れよう。
　勇気・笑顔・努力・ありがとう……、など。

第3幕　菜の花を塗る

　まず、塗る前に「クレパスのお掃除」をする（P.32参照）。

> 　白や黄色が特に、他の色が混じってついていることが多いです。こうやってティッシュでキュッキュッって……。ほら、きれいになるね。

　白・黄色・黄緑・水色などを重点的にさせる。

> 　菜の花の黄色を塗ります。
> 　キッチリ全部塗ろうと思わなくて大丈夫です。
> 　白いところが残っていても、ほら、綿棒でクルクルするといいね。最後に黄土色で真ん中部分を濃く塗ります。
> 　黄土色は綿棒クルクルはしません。

> 　葉っぱを塗ります。
> 　黄緑と緑で色の変化をつけて。
> 　綿棒クルクルをします。

第4幕　仕上げ

仕上げをします。どのバックの色がいいか決めます。

見本を見せて、水色・オレンジ・ピンク・群青のどれかから1つ決める。

何か気づいたことはありませんか？

C：左はキッチリ隅々まで塗っている。

C：右は隙間がある。

そうですね。全面塗りつぶさなくてもかまいません。特に文字の周りは塗らないほうが成功しやすいです。

先ほどの4つから1つ選んだ色を薄く塗ってから、白を「濃く」塗り重ねます。綿棒でクルクルすると……。ほら、きれいにできたね。

　ここはぜひ前で実演をしていただきたい。白のクレパスを塗り重ねるだけでバックが劇的に変化するのである。

＊群青だけは白を塗り重ねずに、そのままの色で綿棒クルクルをする。

＊青より、やはりクレパスの「群青色」がきれい。サクラクレパスの20色なら群青色が入っている。ぜひ試していただきたい。

　仕上げに落款（らっかん）を入れます。赤鉛筆か赤ペンでかまいません。

◎著者紹介

寺田真紀子（てらだ・まきこ）

1974年2月　大阪府生まれ
1996年3月　大阪教育大学教育学部卒業
1996年4月〜大阪府和泉市内小学校勤務

TOSS五色百人一首協会大阪事務局
教育サークルTOSS大阪きりんの会代表

【著書】
『小学1年生の絵の指導　ここまで描ける酒井式シナリオ集』（明治図書出版）
『どの子も図工大好き！　酒井式"絵の授業"〜よういスタート！
ここまで描けるシナリオ集』（学芸みらい社）
『小学1年"絵の指導"どの子もニコニコ顔！　12か月の題材20選〜入賞続々！
酒井式描画指導法スキルのすべて〜』（学芸みらい社）

図工授業でGIGA挑戦
酒井式"絵の描き方"＋ICT活用でどの子も描ける

2022年6月1日　初版発行

著　者　寺田真紀子
発行者　小島直人
発行所　株式会社学芸みらい社
　　　　〒162-0833　東京都新宿区箪笥町31　箪笥町SKビル3F
　　　　電話番号 03-5227-1266
　　　　https://www.gakugeimirai.jp/
　　　　E-mail : info@gakugeimirai.jp
印刷所・製本所　藤原印刷株式会社
企　画　樋口雅子
校　正　大場優子
装丁デザイン・本文組版　小沼孝至

—